伟大的磨难

华为

启示录

王永昌 等 著

浙江人民出版社

序：伟大的磨难

2019年，华为公司正经历一场前所未有的磨难。

尽管"没有想到美国打击华为的力度如此之大，如此坚定不移，也没有想到打击面如此之广"，但华为公司当家人任正非仍这样表态，"我们认为这些措施不会阻止华为，我们已经做好了准备。在未来两年，我们会更加坚强"。

一、伟大的背后都是磨难

众所周知，如今的华为公司已成长为一个伟大的、具有世界影响力的企业，但"伟大的背后都是磨难"。这句话化用自法国著名文学家、思想家罗曼·罗兰的名言——"伟大的背后都是苦难"。在我看来，讲述华为的故事，"磨难"比"苦难"更为贴切。一切伟大的事物都是在磨难中炼就的，"磨难"比"苦难"更强调处境的艰难困苦及处境对事物的反作用力，更能生动反映华为公司身处困境依然不屈不挠、努力奋进的现实经历。

华为公司有一张知名度极高的宣传图，图中的一双"芭蕾脚"极具视觉冲击力：左脚多处扎着绷带、伤痕累累；右脚穿着精致的舞鞋、高雅美丽。它告诉我们，芭蕾舞的舞姿虽然曼妙优美，但这背后是舞者付出的无尽汗水和默默承受的伤痛。

任正非看到"芭蕾脚"这幅摄影作品时，深有感触地说："这不正是华为的真实写照吗？我们正是凭着这双'烂脚'走到了今天！"因此，华为公司买下了这幅照片的版权，将其用于企业宣传，并配文"我们的人生，痛，并快乐着"。这就是华为人积极向上的心态——没有痛苦，就得不到快乐；没有磨难，就换不来辉煌。

2018年12月初，在加拿大温哥华转机的中国公民、华为公司首席财务官、任正非的女儿孟晚舟，竟然被加拿大方以应美方要求为由而拘押，后获保释，在温哥华受监视居住。回到家人身边的第一时间，孟晚舟在微信朋友圈晒出了这张"芭蕾脚"图，配文改为了"伟大的背后都是苦难"。

无论是过去还是现在，华为公司经历的不仅是一个企业从萌发到兴起、再到发展壮大所必经的苦难，更是致力于打造数字中国底座、成为数字世界内核所必经的磨难。我们有理由相信，在磨难中成长起来的华为，必将在磨难中不断成熟，在磨难中展翅高飞。

"故天将降大任于斯人也，必先苦其心志，劳其筋骨，饿其体肤，空乏其身，行拂乱其所为，所以动心忍性，曾益其所不能。"如古人之言，今日的华为和任正非也将经历各种苦难与磨砺，在此过程中炼就更强大的自己。

二、多管齐下的"极限施压"

当今世界正处于百年未有之大变局。虽然美国仍是世界头号强国，但世界多极化趋势势不可当，中国等发展中国家的综合实力快速增强，俄罗斯的国际影响力持续回升，欧盟内部及其与美国之间的矛盾日益复杂。世界经济格局版图、全球产业链和利益链加快分化重组，现代信息技术引领的新一轮科技革命和产业变革风起云涌，而狭隘的民粹主义、保守主义、国家利己主义、单边主义思潮浊浪翻滚，现有的国际治理体系正面临严峻考验。新的世界格局和世界秩序正重新洗牌，为了争取国家利益最大化，各国纷纷调整或制定相应战略。

这一时期，矛盾、纷争多发。中美之间的贸易摩擦正是国家利益冲突在经贸领域的主要表现之一。而美国对华为公司的"极限施压"，也正是在这一大背景下发生的。

2017年，美国总统特朗普高举"美国优先"的大旗走马上任。不久后，美国就屡屡因与世界各国"一言不合"而任性地退出"国际群"，挥舞着霸权主义的大棒，不时挑起贸易摩擦，企图"乱中取利"，巩固其世界霸主地位。

由于多种原因，中国成了美国重点关注和防范的对象。因此，科技含量高、国际竞争力强的中国高新科技企业不可避免地成了美国头号打压的对象。毋庸置疑，信息网络技术是当今世界科技发展最前沿、应用最广泛、影响最深刻的引领性技术，因而这一领域的中兴、华为等中国企业就被美国列入了出口管制的"实体清单"。2018年，美国基本达成制裁中兴的目的后，便以种种借口，向更令美国"揪心"的华为公司"极限施压"。

其施压主要有以下几个方面。

第一，煽动意识形态对立。由于华为是中国企业，任正非曾有过14年军旅生涯且是中共党员，2019年5月23日，美国总统特朗普在白宫发表讲话时称：从安全角度、军事角度来看他们（华为）所做的事，这家公司非常危险……如果我们（中美）达成（贸易）协议，或许可以设想华为问题有可能以某种形式包含在内，或成为其中一部分。当日美国国务卿蓬佩奥在接受采访时表示，华为公司与中国共产党和中国政府有很深的联系，因此美国信息在华为网络上流通可能存在很大风险。在被问及是否有证据证明华为设备存在间谍问题时，蓬佩奥并未给出正面答复，而是将其与意识形态挂钩。

第二，不时用行政力量向华为公司施压。长期以来，华为公司与美国相关企业有着广泛的互利友好合作，华为公司也曾凭借下一代新产品拓展美国市场，但美国政府常常以"国家安全"为由，无端干预华为公司的市场行为。如2018年1月，华为公司本欲在拉斯维加斯CES大展上宣布与美国电信运营商AT&T达成合作协议。结果，在最后一刻，AT&T单方面毁约，放弃了合作，表示将不会在美国售卖华为公司生产的智能手机。据业内人士透露，这次合作失败的直接原因是，2017年12月20日，美国18名国会议员向联邦通信委员会（FCC）主席发送联名信，要求FCC对这起合作展开调查。于是，AT&T为保持和美国政府的良好关系而不得不做出放弃合作的决定。与此同时，另外三家运营商

T-Mobile、Sprint和Verizon，也都宣布不与华为公司合作。这意味着，华为公司无法进入占有美国手机市场销量80%的四大运营商渠道，而只能以零售的形式在亚马逊网站、百思买超市售卖。2018年3月，美国最大的电子产品零售商百思买也被要求停止向华为公司采购最新款手机和销售华为产品。至于华为公司的其他收购投资行为，也大都受到美国政府的制约。

第三，直接通过法律手段施压。2018年8月13日，特朗普签署了美国《2019财年国防授权法案》。该法案第889条规定，禁止所有美国政府机构从华为公司购买设备和服务。更令国际社会震惊的是，不到四个月，孟晚舟竟被加拿大方应美方要求而拘押。美国指控孟晚舟涉嫌在某企业与伊朗的交易中误导了某相关跨国银行，使后者违反美国制裁伊朗禁令。同日，外交部发言人耿爽表示，中方已就该事分别向加方、美方提出严正交涉，并表明严正立场，要求对方立即对拘押理由做出澄清，立即释放被拘押人员，切实保障当事人的合法、正当权益。2018年12月11日，特朗普表示，如果他认为有利于国家和国家安全，有助于美中达成史上最大贸易协议，他肯定会在他觉得有必要这样做的时候干预孟晚舟案。2019年1月29日，美国向加拿大提出引渡孟晚舟的请求。3月1日，加拿大司法部批准继续推进有关中国公民孟晚舟的引渡听证会。至今，该事件仍在发展中。

作为回击，2019年3月7日，华为公司宣布针对美国《2019财年国防授权法案》第889条的合宪性向美国联邦法院提起诉讼，请求法院判定这一针对华为公司的销售限制条款违宪，并要求判令永久禁止该限制条款的实施。

第四，特朗普宣布美国进入"国家紧急状态"，剑指华为公司。2019年5月15日，特朗普签署了一份总统令，宣布美国进入"国家紧急状态"。在"国家紧急状态"下，美国总统有权绕过国会颁布若干法令，从而行使"特别权力"。此前，为在美国与墨西哥边境修建围墙所需经费问题，特朗普也曾启动过"国家紧急状态"，而这次则发生在中美贸易摩擦升级之际。虽然特朗普并未言明进入"国家紧急状态"后将采取何种行动，但显然此举使联邦政府拥有更大权力去阻止美国公司与包括华为公司等中国公司在内的外国供应商进行贸易活动。此外，该总统令还允许美国商务部长指导美国公司停止使用相关设备的时间和方式。

2019年5月16日，美国商务部工业与安全局（BIS）又将华为公司列入一份"会威胁美国国家安全"的"实体清单"，从而禁止华为公司向美国企业购买技术或配件。这意味着美国市场彻底向华为公司关上了大门：华为公司的产品不能进入美国市场，华为公司也无法从美国市场购入所需产品。

四天后，美国谷歌等原本与华为公司合作的企业不得不终止部分合作。此外，部分国际性协会和学术性组织及联邦快递也都因此终止了与华为公司的合作。但迫于种种压力，美国政府不得不于5月21日决定，将对华为公司的禁令延迟90天，自2019年8月中旬起生效，并给出理由称，华为公司及其商业伙伴需要时间升级软件及处理一些合同义务问题。其间，美国企业与华为公司的供货交易，需经美国政府的严格审查，获批后才能进行。不过，美国政府损人害己的做法，也遭到了不少美国企业的反对，有的企业甚至将美国政府告上了法庭。

第五，动用外交手段，企图联手国际"盟友"共同施压。美国除了动用国家力量颁布行政命令、出台相关法律进行施压外，还利用其世界霸主的地位和"盟友圈"，到处散播"华为会威胁国家安全"的谬论，企图联合他国向华为公司"极限施压"。一时间，部分国家屈从于美国的胁迫，一同对华为公司关上市场大门。如2018年8月23日，澳大利亚政府以"国家安全"为由，禁止华为和中兴两家公司参与其国内的5G网络基础设施建设。但除了澳大利亚、新西兰等少数几个国家追随美国外，多数国家或不明确表态，或不禁止华为公司参与竞标。2019年5月底，英国广播公司（BBC）使用5G网络直播了早间节目，这是英国首次使用5G信号的电视直播，该信号由英国电信巨头BT旗下的EE运营商提供。直播前，节目主持人激动地在个人社交媒体账号分享了直播的幕后花絮，他将镜头对准了华为公司的设备，并说道："就是它，能够支持我们进行全英首次5G电视直播！"尽管此前，关于英国运营商限制华为公司参与5G建设的传言层出不穷，事实证明，英国的公司和机构依旧使用华为公司生产的设备开启了自己的5G时代。同时也证明，美国的"盘外招"挡不住世界5G市场拥抱华为公司。

三、打不下来的"烂飞机"

美国采取上述种种举措向华为公司"极限施压"，着实令世人大跌眼镜，惊诧不已。一时间，"华为事件"成了世界关注的焦点。不但美国政客频频就此表态，各国政要也给予这一事件以高度关注，甚至召开内阁会议或国家安全会议进行专题讨论，但任正非对此却出奇的淡定，认为"华为在中美之间的贸易冲突中只是一颗芝麻"。

在接受美国媒体的集体采访中，任正非表示，要感谢特朗普与彭斯两位大人物。因为此前，5G技术并不为普通人所熟知，但现在这些大人物都在谈论5G，这让华为公司变得更有影响力，也因此收获了更多合同。他还请媒体转告特朗普与彭斯，感谢他们推广了华为公司。

美国的"极限施压"行为，让世人看清了"美国优先"的利己主义、保护主义本质，并再次领教了美国的单边主义、霸凌主义。当然，正如任正非所说，特朗普对华为公司的种种制裁和打压，客观上推动了5G技术在全球范围内的商用进程。

对华为公司而言，美国举国家之力、借"盟友"之力的"极限施压"是一场事关企业生死存亡的重大考验。这既在任正非的意料之中，又在他的意料之外。2019年6月17日下午，任正非在深圳与《福布斯》著名撰稿人乔治·吉尔德和美国《连线》杂志专栏作家尼古拉斯·尼葛洛庞帝，进行了100分钟的对话交流。任正非在谈话中坦言：华为公司曾意识到，当公司发展到较前沿的时候，难免会有市场上的竞争，会产生矛盾摩擦等，但却没有想到美国打击华为公司的战略决心如此之大、力度如此之强、打击面如此之广。美国不仅打击了华为公司的零部件供应，还不让华为公司参加很多国际学术组织活动，不允许华为公司与大学加强合作，甚至还不能与美国有相关的网络链接。

这些"不许""严禁"不但超出了任正非的预料，也超乎所有人的想象。华为公司会被打趴下吗？还能挺住吗？

任正非表示，美国的"极限施压"虽然强劲，但阻挠不了华为公司前进的步伐。尽管事先没有预料到这次打压的严重程度如此之巨，但所幸已经做了一些有效的防备工作，让华为公司像第二次世界大战中的"烂飞机"一样，保住了发动机这个"心脏"，保护好了油箱，照样能飞。

任正非所说的"烂飞机"，就是苏联在第二次世界大战时期生产的伊尔-2型对地攻击机。这一型号飞机的最大特点是具有很强的生存能力，哪怕机翼被打烂，机身遭受枪林弹雨，只要要害部位没被打坏，便不会散架，仍能飞回基地。

在华为公司遭到美国"极限施压"后，当任正非看到了一张伤痕累累的伊尔-2战机照片时，不由感慨万千。在他看来，今天的华为公司就如同这架飞机，虽遭到了敌人狂风暴雨般的炮火打击，遍体伤痕，但仍坚持战斗。

在以这架飞机为主题的宣传图中，华为人这样配文：没有伤痕累累，哪来皮糙肉厚，英雄自古多磨难。这是任正非的昂扬斗志，也是18万华为人的战斗宣言。不经历磨难，怎能"皮糙肉厚"？哪能跳出美轮美奂的舞蹈？哪能成为搏击长空的王牌战机？华为公司，将愈战愈勇。

2019年5月21日，任正非接受了中央电视台记者董倩的采访。采访前，任正非提出了一个条件：多谈谈教育问题，而不是有关华为公司的问题。这让董倩觉得奇怪，在华为公司遭受美国全面制约和打压的生死攸关时刻，外界普遍关心华为公司的未来发展，而任正非为什么能如此超然物外地想谈教育？

任正非回答：我们根本不认为我们会死，胜利一定是属于我们的。他透露，华为公司已经做了两万枚金牌奖章，上面的题词是"不死的华为"。

当我听到这句话的时候，一方面感到热血沸腾，另一方面也感到一种伟大的悲壮。18万华为人的奋战是为了一个企业的尊严和生存，更是为了一个民族的尊严和梦想。我们应该为华为的18万勇士和任正非先生送上奖杯，上面的题词是"不朽的华为"！

今天的中国人应有世界眼光、人类胸怀，并以开放的姿态走向世界，虚心地学习和借鉴各国的先进文明成果，同时也为全人类的进步做出应有贡献。但我们也要清醒地意识到，无论过去、现在还是未来，人类文明的进步从来都不是一蹴而就的，需要我们不断壮大自身并团结一切进步力量，冲出风雨迷雾，战胜艰难险阻，开辟前行航向。

"我们很坚强，我们是打不死的鸟！"任正非这样说。我们期待着。打不下来的飞机，终将高飞远航！

华为，正经历着前所未有的磨难。华为，也正在这场磨难中汲取力量、蓄势待发。

浴火重生、凤凰涅槃。我坚信，这一天不在遥远的未来，而在很近的明天。

王永昌

2019年6月30日于杭州

目　录

第一章

史无前例的劫难

全世界那颗高悬已久的心终于可以放下稍许——2019年6月29日下午，美国第45任总统特朗普在G20大阪峰会闭幕后的记者会上宣布：美国企业可以继续向华为公司出售零部件。当日，中国外交部G20特使、国际经济司司长王小龙表态"欢迎"。全球股市应声飘红。

然而，华为公司创始人任正非的反应颇值得玩味。在"解禁令"宣布三日后，他才就此事回应："特朗普总统的声明对美国企业来说是件好事。华为也愿意继续购买美国公司的产品。但我们没看到这对我们目前所做的事有太大影响。我们仍将专注做好自己的工作。"

任正非的冷静是有依据的，特朗普这番看似"走出一大步"的表态实则谨慎而有限度：美国并未将华为公司从"实体清单"中移除，也没有撤销对任正非女儿、华为公司首席财务官孟晚舟的"引渡要求"。显而易见，美国对华为的"极限施压"已创造了一个超级大国意图针对一家外国民营企业进行全面扼杀的丑陋先例，特朗普高高举起的大棒绝不会轻易放下。只不过，今日之华为已有十足底气，才得以持有"敌军围困万千重，我自岿然不动"的淡定从容。

一、华为不是中兴

2018年3月22日，特朗普签署总统备忘录，依据"301调查"结果，将对从中国进口的商品大规模征收关税，并限制中国企业对美投资并购。中美贸易摩擦日益激烈，很快，涉及加征关税的商品规模迅速上升到约2000亿美元。

眼看两国间的贸易摩擦演变为漫长的博弈，美国明白坚毅的中国不是墨西哥，也意识到中国拥有足够分量的"反击牌"。在这种情况下，双方的较量开始溢出贸易领域。

2018年12月，孟晚舟事件发生。2019年5月，中美第十一轮贸易谈判并未取得理想效果。2019年5月17日凌晨，美国商务部工业与安全局正式将华为公司及其位于20多个国家和地区的70家分支机构列入"实体清单"，禁止美国企业向华为公司出售相关技术和产品，旨在切断华为公司的供应链，令其"无货可卖"。此举震惊世界。

数日后，迫于美国政府的压力，谷歌母公司 Alphabet 宣布不再与华为公司开展需要转让硬件、软件产品和技术服务的业务。据路透社报道，谷歌停止合作后，华为公司将无法立即更新谷歌的安卓（Android）操作系统。这意味着华为的下一代安卓智能手机将无法使用包括谷歌应用店（Google Play Store）、Gmail 和 YouTube 在内的服务。毫无疑问，这将严重影响华为手机的国际市场竞争力。

但这仅仅只是开始。随后，高通（Qualcomm）、英特尔（Intel）等华为公司的美国主要硬软件供应商纷纷宣布，中断与华为公司的合作。国内外芯片专家开始质疑华为公司在没有美国帮助的情况下继续运营的能力。

这一幕，似曾相识。2018 年 4 月 16 日，美国商务部以"中兴通讯违反美国的制裁禁令"为由，宣布禁止美国企业向中兴通讯出售零部件，期限为七年。两个月后，中兴通讯做出缴纳 10 亿美元罚金并改组董事会、接受美方监管的让步后，禁令被解除。此次，美国再次使出"极限施压"的撒手锏，企图故伎重施，剑指华为公司。这不由使人发问，为什么美国要以举国之力打压华为公司——一家中国民营企业？

华为公司之所以成为美国的"心腹之患"，固然与其在 5G 方面的技术优势有关，但根本原因还是在于中国的强大——已高速发展 40 年且持续保持良好的发展势头。世界上不少小国也拥有巨型跨国企业,但它们并未成为美国打压的目标,因为单凭一个企业无法对美国构成威胁。

自第二次世界大战以来,美国一直以巨大的科技优势称霸世界。其国内部分政治势力以极强的危机意识,预判到了华为公司崛起的"蝴蝶效应"。2019 年 1 月 28 日《纽约时报》中文网报道,特朗普政府认为,世界上一场新的军备竞赛,虽然只是一场涉及技术而非常规武器的竞赛,但对美国的国家安全将同样构成极大威胁。在一个由计算机网络控制着最强有力武器(除核武器以外)的时代,任何主导 5G 的国家,都将在 21 世纪的大部分时间里拥有经济、情报和军事上的优势。美国政府坚信,这场竞赛只有一个赢家,成王败寇。正如英国文学家莎士比亚的名言——"生存还是毁灭,这是一个问题"。

华为公司已走在了 5G 技术——影响人类未来发展进程的基础技术——的最前沿。根据华为公司 2018 年年报,华为公司的年销售收入高达 7212 亿元人民币,同比增长 19.5%;净利润 593 亿元,同比增长 25.1%。截至 2019 年 6 月底,共有 228 家世界 500 强企业、58 家世界 100 强企业选择华为公司作为数字化转型的合作伙伴。

华为公司的 5G 技术全球领先,正成为自动驾驶、智慧城市、智能生活等各种先导产业的基础设施。根据德国专利数据公司IPlytics发布的数据，截至2019年4月，中国企业申请的5G通讯系统标准关键专利（也称标准必要专利）件数，占全球的34%，位居全国之首。韩国以25%位居次席，而与芬兰并列第三的美国占比为14%，比4G的16%有所下滑；就企业而言，华为公司以1554个专利数位居世界第一，占比15.5%，而通信领域中最强的高通公司，仅占比8.19%（低于中兴公司11.7%的占比）。这一数字还在不断上升，据IPlytics公布的最新排名，华为公司的专利数已增至2160个。不少专家认为，华为公司所拥有的"庞大且全球性的关键技术专利组合"是美国无法破坏的优势，而中国近年来在移动通信、人工智能和物联网等关键技术上的"专利井喷"，正削弱美国在科技领域的主导地位。

在此情形下，在市场竞争中无法取胜的美国，开始"功夫在诗外"了。它以"国家安全"为由，竭力将华为公司排挤出美国市场。同时又向澳大利亚、新西兰、英国等利益关系密切的盟国施压，迫使这些国家拒绝使用华为公司提供的电讯产品。

一位法国电信的技术人员在接受法国国际广播电台采访时称，他们认为华为公司的设备质量一流，并直言："从技术层面来讲，所有电信供应商的设备都有可能被利用设置间谍程序，为什么要特别封杀华为公司的设备？显然，这同美国的保护主义政策密切相关。"华为公司的一位高管也曾在接受英国广播公司采访时称：我们太强大，令美国害怕。

其实，美国政府也从未讳言对华为公司的打压。《华尔街日报》曾报道，美国官员表示，他们正强化对华为公司的遏制，因为全球无线电讯商即将开始升级到5G。美国官员说，他们不希望让北京有可能干扰不断成长的物联空间。

孟晚舟事件发生后，《纽约时报》和《华尔街日报》都一致认为，这是美国打击华为的最新举措。

但华为不是中兴。对于美国的"极限施压"，任正非早已未雨绸缪，成竹在胸。

2019年5月17日凌晨，就在美国宣布"禁令"几小时后，华为公司悲壮发声：所有"备胎"，一夜之间全部"转正"。原来，华为公司"常将有日思无日，且把无时当有时"，早已做出极限生存的假设，以底线思维积极应对，通过多年艰苦卓绝的奋斗，已拥有了替代美国供应商的芯片研发生产能力。

5月17日凌晨2点，华为心声社区转发了华为海思半导体公司总裁何庭波致员工的一封信——

尊敬的海思全体同事们：

此刻，估计您已得知华为被列入美国商务部工业和安全局（BIS）的"实体清单"（entity list）。

多年前，还是云淡风轻的季节，公司做出了极限生存的假设，预计有一天，所有美国的先进芯片和技术将不可获得，而华为仍将持续为客户服务。

为了这个以为永远不会发生的假设，数千海思儿女，走上了科技史上最为悲壮的长征，为公司的生存打造"备胎"。

数千个日夜中，我们星夜兼程，艰苦前行。

华为的产品领域是如此广阔，所用技术与器件是如此多元，面对数以千计的科技难题，我们无数次失败过，困惑过，但是从来没有放弃过。

后来的年头里，当我们逐步走出迷茫，看到希望，又难免有一丝丝失落和不甘，担心许多芯片永远不会被启用，成为一直压在保密柜里面的"备胎"。

今天，命运的年轮转到这个极限而黑暗的时刻，超级大国毫不留情地中断全球合作的技术与产业体系，做出了最疯狂的决定，在毫无依据的条件下，把华为公司放入了"实体清单"。

今天，是历史的选择，所有我们曾经打造的"备胎"，一夜之间全部"转正"！

多年心血，在一夜之间兑现为公司对于客户持续服务的承诺。

是的，这些努力，已经连成一片，挽狂澜于既倒，确保了公司大部分产品的战略安全，大部分产品的连续供应！

今天，这个至暗的日子，是每一位海思的平凡儿女成为时代英雄的日子！

华为立志，将数字世界带给每个人、每个家庭、每个组织，构建万物互联的智能世界，我们仍将如此。

今后，为实现这一理想，我们不仅要保持开放创新，更要实现科技自立！

今后的路，不会再有另一个十年来打造"备胎"然后再"换胎"了，缓冲区已经消失，每一个新产品一出生，将必须同步"科技自立"的方案。

前路更为艰辛，我们将以勇气、智慧和毅力，在极限施压下挺直脊梁，奋力前行！

滔天巨浪方显英雄本色，艰难困苦铸造诺亚方舟。

何庭波

2019年5月17日凌晨

海思员工清晰地记得任正非十多年前的警示："（芯片）暂时没有用，也还是要继续做下去。一旦公司出现战略性的漏洞，我们不是几百亿美元的损失，而是几千亿美元的损失。我们公司积累了这么多的财富，这些财富可能就是因为那一个点，让别人卡住，最后死掉……这是公司的战略旗帜，不能动摇的！"

当危机真正降临，海思的存在为任正非增添了应对的底气。5月19日，任正非在深圳公司总部接受媒体采访时霸气回应，华为公司将继续开发自己的芯片，减少生产禁令带来的影响。即使高通和其他美国供应商不向华为公司出售芯片，华为也"没问题"，因为"我们已经为此做好了准备"。他强调，美国禁止华为公司业务的影响将是有限的，"预计华为的增长可能会放缓，但只是小幅的放缓，年度收入增长可能略低于20%"。

后来的事实表明，这只是华为公司惊天反攻、决胜千里的序幕而已。海外供应商宣布断供的、想象中的"卡脖子"产品——高端芯片、操作系统等，华为公司已全部公开了"备胎"产品或替代计划。更让对手深感惧怕和绝望的是，华为公司的同类产品具备更低的价格、更优的性能。任正非介绍，华为同类研发的海思麒麟CPU处理器，虽然现在在性能方面还赶不上苹果的A处理器，但与高通骁龙一决高下可谓绰绰有余。不仅如此，任正非还透露，华为同类自主研发的操作系统"鸿蒙"——麒麟OS系统即将面世。"我们正在研发的操作系统能够与印刷电路板、交换机、路由器、智能手机以及数据中心等兼容。该系统的处理延迟小于5毫秒。它将完美地适应物联网，并能应用于自动驾驶。"测试显示，华为的鸿蒙操作系统比安卓系统的速度快60%。任正非也坦言："与苹果或安卓的操作系统相比，我们仍然缺乏良好的应用程序生态系统"，但华为公司为解决这一问题，已开始研发安卓和苹果应用商店的替代品。

那些美国、欧亚正在紧张"围观"的合作伙伴、竞争对手，眼见美国的"封杀"无效，自己又不愿失去华为市场，纷纷置美国的禁令于不顾，改弦易辙，宣布与华为公司恢复合作。由此看来，特朗普在记者会上的解禁表态，不过是顺水推舟、顺势而为之举。

任正非判断，未来二三十年内一定会爆发一场巨大的"革命"。"这场'革命'的恐怖性人人都已预见到了，特别是美国，看得最清楚。因此，他们才打你这个'出头鸟'，但没想到我们早有准备，消灭不了。他们以为现在还是架起几门炮吓唬一个国家的时代，可能误判了；以为抓走我们家一个人，就摧毁了我们的意志，也误判了。美国政客目前的做法低估了我们的力量。"

美国针对华为的打压，不会立刻停止。从一定意义上说，华为遭遇美国禁令，只是中美角力、世纪博弈的前哨战！

二、中美角力的世纪博弈

　　美国对华为公司的"极限施压"，可谓"精确制导"。短短 32年，华为公司就登上了 5G 通讯设备科研制造之巅，依靠的是其领跑全球的基础科学与技术研发能力与其高端制造、智能制造的实力。从某种程度上，华为公司可被视为中国企业的龙头和代表、当下中国健步走向世界舞台中央的缩影。"拿下"华为、遏制中国，彻底消除美国继续称霸世界的威胁——这才是特朗普政府的"良苦用心"。

　　2010 年，中国已超越日本成为全球第二大经济体。尽管此时，中国的人均 GDP 仅为日本的 1/10，与美国的差距更大，且中美双方还在共同反恐，更是应对 2008 年全球经济危机的战略伙伴，但美国仍怀揣强烈的危机意识，针对中国采取了一系列防范性措施。2011 年 11 月，美国总统奥巴马在老家夏威夷抓住主办亚太经合组织（APEC）峰会的机遇　高调亮出"转向亚洲"战略；于 2012 年 6 月 3 日闭幕的本年度香格里拉对话会上，美国国防部长帕内塔指出，美国将在 2020 年前向亚太地区转移一批海军战舰，届时将有60%的美国战舰部署在太平洋。随后，更是倾全力打造将中国排除在外的、史上最大的区域贸易协议——跨太平洋伙伴关系协议（TPP），建立所谓的环绕中国周边的"价值观之链"。短短六年，美国的一系列举措，俨然已将中国视为其未来的最大对手。

2016年，特朗普以最大的"黑天鹅"之姿当选总统。随后，他高举"美国优先"的大旗，向全球"开战"：退出多个国际条约和组织，挑起与各大经济体间的贸易摩擦。

竞选期间，特朗普就宣称中国是美国的主要对手，认为中国的和平发展已构成对美国的全面挑战，威胁到了美国的"国家安全"。特朗普当选总统后，美国政府的对华政策发生重大变化，发布的首份《国家安全战略报告》中，共有33次提及中国。这份报告针对中国的意味非常强烈，且措辞较历届美国政府更不友善，片面认为中国将在未来蓄意取代美国的全球主导地位，美中之间的竞争从根本上来说是更广阔领域的全面竞争。在此背景下，中美贸易摩擦不断升级。

2019年5月，特朗普政府突然加大施压力度：10日，单方面启动对2000亿美元中国输美商品加征25%关税；15日，美国商务部以"国家安全"为由，将华为公司及其70家附属公司列入出口管制"实体清单"……作为回应，中国决定对相当数额的美国输华商品加征关税，中国商务部表示将坚决维护中国企业合法权利，而华为公司更表态，有能力继续发展和使用安卓生态，包括智能手机、平板电脑在内的华为和荣耀品牌产品及其服务在中国市场不受影响。

毋庸置疑，中美合则两利，斗则俱伤，合作比摩擦好，对话比对抗好。作为全球第一、第二大经济体，双方实力接近、互有"王牌"；两国的全球影响力将会使两国间的贸易摩擦升级为全球经济秩序的混乱甚至崩溃。

正如2018年11月中旬法国经济部长勒梅尔在其推特上发文写道的："我们冒着被卷入中美贸易冷战的风险。我们所有人都遭殃。必须立即找到解决方法。"根据2019年5月10日法广新闻报道，他发出警告说："没有什么比中美之间爆发贸易战对世界经济增长构成更大的威胁了。因为，这意味着贸易关税将会提高，商品流通将会减少，法国的商品在世界上的流通也将减少，这会摧毁法国，乃至整个欧洲的就业。"《南德意志报》则认为，如果美国政府真的向所有中国产品加征惩罚性关税，全球GDP的增长率可能将会缩水整整两个百分点。而根据牛津大学经济学院的分析，在过去的2018年里，日本、韩国、泰国、越南对中国的出口下降了约14%。

尽管道理十分浅显，全球主要经济学家一致反对美国在贸易领域的一系列动作，但世人不愿见到的一幕依然上演了。

显然，美国深知中美贸易摩擦将带来的负面效应，其"一意孤行"事出有因。学界对此的典型分析是被视为国际关系"铁律"的"修昔底德陷阱"，即中国的发展和美国对中国的恐惧是主因。根据这一分析框架，中美全面对决甚至走向（非核）战争似乎难以避免。因历史上与之类似的16次冲突中，共有12次导致了战争。

但身处核时代，考虑到各方因素，中美之间发生热战的可能性微乎其微。如果双方的摩擦停留在贸易战、科技战的层面，想要一决高下需要相当漫长的时间，甚至从短期的摩擦演变为一场马拉松式的竞争。显然，这并非美国所求。

目前，美国政界和学界对中美贸易摩擦的主流看法是，这并非一场单纯的贸易摩擦，而是地缘政治和意识形态的博弈，是两国制度差异使然。

根据2019年5月18日美国之音的报道，美国约翰·霍普金斯大学全球事务教授、战略与预算评估中心高级研究员哈尔·布兰兹声称："美中竞争的根源是地缘政治和意识形态。美中之间力量对比的改变，令人担心中国可能会在西太平洋和全球取代美国。"

2019年5月初，曾任美国前副总统切尼办公室国家安全事务顾问的范亚伦在国会众议院一个有关美国对华战略的听证会上特别强调，美中之间的摩擦和竞争并不是两个不同文明造成的，而是共产党的本质以及两个不同的政治体系造成的。

当然还带有种族主义色彩的观点。2019年4月底，如美国国务院政策规划主任奇诺·斯金纳在一个研讨会上指出，中国与西方自由世界存在文明和意识形态的冲突。"美国与中国的竞争，不仅局限于双方的国家利益，也存在于不同的文明和意识形态等更为广泛的领域。"她还称，"这是第一次我们将面临一个强大的非高加索人种的竞争对手"。

然而，中美两国文化、政党制度和意识形态的差异早已存在，且并未影响历史上中美曾多次成功合作。很明显，类似解读有为美国不按规则出牌辩护和美化的意图，但却不能真正解释原因。

事实上，中美对抗的根本原因与这些无关，引发这一切的是中国的实力。早在一个世纪前，英德博弈就把这个问题讲得非常透彻。1905年，英国国王爱德华七世困惑地发问："为什么英国人对德国一贯表现出不友好的态度？"从血缘关系上讲，德皇威廉二世是爱德华七世的侄子。为了解开国王的疑惑，英国顶尖德国问题专家克劳花费了一年时间写出了外交史上的杰作《克劳备忘录》，并得出了最终结论——德国的意图并不重要，其实力才至关重要。

这句话，在一个世纪后依然适用。如果中国的发展停滞不前，中美之间的所有冲突就将荡然无存。如果美国硬要指责中国，那么也只能指责中国之崛起对其造成的巨大压力。

中美贸易摩擦不断升级后，不少自由派学者指责中国放弃韬光养晦的策略，过于展现实力。站在全球视角上看，中国的对外政策可谓已是相当克制：对冲突往往力主对话和协商，不使用非和平手段，对西方内部事务从不介入。

中国的实力是迫使美国制造中美贸易摩擦的根本原因，但选择在贸易领域频频动作却是战略之举，而非战术。

中美贸易摩擦不但会影响世界经济增长，更重要的是将降低国内外对中国经济的信心和未来预期。虽然国际贸易在中国GDP总量中比重不高，但与之相关的就业人数甚巨。如果中国发生较大规模的失业，将对国家稳定造成极其不利的影响。

而且，中国经济已由高速增长阶段转向高质量发展阶段，正处在转变发展方式、优化经济结构、转换增长动力的攻关期。此时，我国发展不平衡不充分的一些突出问题尚未解决，发展质量和效益还不高，实体经济水平有待提高。

美国选择贸易摩擦意在为中国的发展设置障碍，减缓中国发展的步伐。但显然美国低估了中国，自美国频频挑起贸易争端以来，中国多次表明立场：中国不愿打贸易战，但也不怕打。

对此，外界一般解读为，中国不愿打是因为贸易摩擦将导致两败俱伤；不怕打是因为中国能较好处置因此造成的一系列后果，且有能力给予回击。但实际情况远比上述认知更为复杂。中国希望尽快平息中美贸易摩擦，具体原因有三。

其一，中国拥有全球最完整、最庞大的产业链。这是中国的竞争优势，也是中国的软肋。据2019年8月1日晚，美国供应管理协会（ISM）发布的数据显示，美国7月ISM制造业采购经理人指数已降至2016年8月以来最低水平。对于美国而言，中美贸易摩擦造成的影响主要体现在微观的经济层面，如关税收入增加、国内物价上涨、若干产品出口量下降等。而中国除了将受到同样影响外，还将更担忧本国产业链受损。因此，中国的还击多有掣肘之处。如美国对华为公司"极限施压"，但中国为保护自身产业链，无法以其人之道还治其人之身制裁美国苹果公司。

其二，中国的发展受益于21世纪以来全球化、自由贸易和当下的国际贸易格局，且受益程度远高于美国。因此，美国在制造贸易摩擦、伤及现有国际秩序时，顾忌相对较少。而中国在还击时，不仅要考虑到其举措对美国产生的制约作用，还需确保不对现有的国际贸易格局产生过大的负作用，以免伤及自身。这也是美国可以频频任性"退群"，但中国一直保持冷静、克制，极力维持现有国际贸易格局的原因所在。

其三，中国面临的内外部矛盾和挑战多于美国。中国拥有近14亿人口，其规模是美国的四倍有余，且是一个多民族国家，其治理难度远高于美国。更何况两国的地缘政治条件迥然不同，中国的发展必须面对更复杂的问题与挑战。此外，中国社会正处于全面转型期，城市化、工业化、市场化尚未完成，金融自由化刚刚起步。众所周知，一个国家的转型期往往也是社会矛盾的高发期，一旦处理不当将影响社会稳定。

尽管中国不愿打贸易战，但中国也不怕打。这根本上源于中国的整体实力，更重要的是在于中国的经济结构及其在许多方面的不可替代性。

目前，中国经济增长的动力主要来源于消费和投资。特别是消费，2018年其对于中国经济增长的贡献率已高达76%，进出口贸易对经济增长的贡献反是负数。这决定了中国经济结构具有较强的抗外部冲击的能力。

其次，中国经济的产业链完整、物流水平高、基础设施较为完善、劳动力充足且受教育水平不断提高。放眼全球，这份优势是独一无二的，也很难在短期内被超越。同为人口大国的印度，成人文盲率很高，普遍存在的种姓制度限制了劳动力的自由就业，且基础设施水平落后；柬埔寨等东南亚国家人口较少，劳动力储备不足，难以满足外企发展的需要。美国商会的调查发现，在中美贸易摩擦的不确定性下，仍有高达60%的在华美国企业表示不会离开中国。

第三，中国经济总量大，且是全球第一大市场。以目前全球极为关注的芯片为例，全球市场规模共计4400亿美元，中国的需求量为2600亿美元，接近60%。美国用芯片制裁中国，实则与自我毁灭无异。任何一个产业如果丧失60%的市场，除了消亡，别无出路。对于中国而言，制裁带来的负面影响只是暂时降低发展速度，但当中国企业的自主研发取得全面突破后，恐怕只有中国是唯一一个既有市场也有技术的国家。

因此，美国挑起的中美贸易摩擦最终只可能有两个结果，或不可持续，或重创自身。

三、百年未有之变局

一年多来，国际媒体、政治家和政论专家纷纷聚焦处于贸易摩擦的两个世界大国——美国和中国。

据新华社报道，在2018年中国驻美国大使馆举行的国庆晚宴上，美国国家安全委员会亚洲事务高级主任马修·波廷杰在向中国外交官祝酒时称："美中两国存在竞争。"中国驻美大使崔天凯则在致辞中表示，两国都面临历史性选择。在历经几轮磋商后，中方的选择显然已十分明确，避免对抗和冲突、彼此尊重和互利合作，但美方不断变卦、步步紧逼，频频对华为公司施压。而这番对话的缘起，据说也是华为公司。

华为公司，作为中美贸易摩擦的焦点，牵动着全世界的目光。在即将到来的极富戏剧性的"5G数字化竞赛"中，美国已没有能与华为公司研发能力相抗衡的企业。这一境况，令习惯于在科研技术领域领跑的超级大国，深感忧虑。美国出人意料地对华为公司"极限施压"，看似出于高端技术领域被超越的焦虑感，实则折射出了当前宏大的历史背景——百年未有之大变局。

"放眼世界，我们面对的是百年未有之大变局。"2017年12月28日，习近平总书记在接见回国参加2017年度驻外使节工作会议的全体使节时做出的这一判断，洞察时势、蕴含深意。

随着经济全球化步入崭新的历史阶段，世界风云，再次变幻涌动。1983年，美国学者提奥多尔·拉维特在其文章《市场全球化》中首次运用"全球化"的概念分析经济的全球化现象。至今，经济全球化已经历了两个历史阶段，在这漫长的岁月里，西方国家一直轮替掌握着国际秩序的主导权。

第一个历史阶段始自1492年哥伦布发现新大陆，结束于第二次世界大战结束。其间，葡萄牙、西班牙、荷兰、英国、德国等欧洲强国，依靠海洋霸权、殖民贸易和发达的资本主义经济，对全球进行殖民统治和经济掠夺，建立起全球贸易网络，将全世界纳入整体的贸易体系。

第二个历史阶段是第二次世界大战后迄今，美国主导的基于多边规则的文明的全球化。自1776年7月4日独立开始，美国历经了两个多世纪对欧洲殖民者的反抗，最终顽强崛起。1894年，美国的工业生产总量跃居世界第一位。从20世纪初开始，经历第一次世界大战、30年代的经济大萧条和第二次世界大战，美国逐步确立了不可撼动的全球治理规则制定的主导地位。在紧接着的一个世纪里，美国逐步建立了四大国际治理体系：一是国际政治体系，成立联合国并成为五大常任理事国的主导者；二是经济金融体系，成立世界银行、国际货币基金组织，构建了布雷顿森林体系，成为国际金融秩序主导者；三是国际贸易体系，成立世界贸易组织，成为国际贸易规则主导者；四是国际安全体系，成立北大西洋公约组织，驻军东亚，成为国际安全规则主导者。

步入21世纪，随着中国、俄罗斯、印度、巴西、南非等一大批发展中国家的整体性崛起，加上2008年国际金融危机对欧美的重创，世界经济重心开始由西向东、由北向南转移。

2015年9月，中国国家主席习近平在庆祝联合国诞生70周年大会上正式提出了构建以合作共赢为核心的新型国际关系、打造人类命运共同体的倡议。由此可见，经济全球化进入了全新的历史阶段——以中国成为世界第二大经济体、第一大贸易体，以各国共同构建人类命运共同体为标志的公平的全球化，已拉开序幕。

以中国为首的发展中国家的崛起，彻底打破了过去不平等的世界经济秩序和贸易格局。在中国的引领和辐射作用下，今天，发展中国家的经济总量占全球经济总量的比重已超过50%，整个西方国家则降到48%。根据来自2018年东亚合作领导人系列会议的数据，2017年东盟加上中、日、韩三国的经济总量达21.9万亿美元，占世界经济总量的27%，分别超过了美国和欧盟，在世界经济格局中的地位举足轻重。反映大宗商品走势和全球经济冷暖的波罗的海指数中，中国农历春节在1月还是2月，已成为数据分析中的重要变量。

国务院发展研究中心在其2018年12月发表的《未来国际经济格局变化和中国战略选择》课题报告中预测，2035年发展中国家的GDP将超过发达经济体，在全球经济和投资中的比重接近60%，全球经济增长的重心将从欧美转移到亚洲，并外溢到其他发展中国家和地区。

如今，仅"中国制造"就可为世界市场提供成千上万种物美价廉的工业产品，大大提高了发展中国家人民的生活水平，同时也让发达国家的消费者受益。作为美国国债的最大买主且外汇储备量居全球第一，中国的贷款能力已超过了世界银行。这也是中国得以创立独立于西方、重点支持基础设施建设、惠及众多发展中国家的亚洲基础设施投资银行的根本原因。正是在此基础上，中国才有能力提出秉承共商、共享、共建原则的"一带一路"倡议。当中国成长为全球最大市场，众多依赖原材料出口的发展中国家也有了更多选择，从而打破了西方长期以来对原材料定价权的垄断。

这次世界经济重心之变，可谓百年未有。如果正如某些学者所言，第一次世界大战后，因美国一跃成为全球最大的债权国和资本输出国，世界经济重心从大西洋东岸（西欧）向大西洋西岸（美国）的那次迁移是一次经济地理大变局的话，当前正在发生的世界经济重心从大西洋向太平洋的迁移，其覆盖范围之广、涉及的人口之多，已远超以往。

当然，伴随财富转移的必然是权力的转移。伴随新兴经济体和发展中大国的地位上升，涵盖多个发展中国家在内的G20（二十国集团）在2008年国际金融危机发生后的作用日益凸显，而"发达国家俱乐部"G7（七国集团）因无法覆盖更广泛国家，在全球经济治理中的作用日渐式微。全球治理开始从西方主导向全球共同治理转变。西太平洋地区在迈向世界经济重心的同时，也成为大国战略博弈的重点。

可以说，经济全球化步入新阶段是社会生产力发展的客观要求和科技进步的必然结果，也是人类社会发展前进的必然选择。

而随着全球化、自动化和经济金融化的加速推进，西方国家早已深陷"发展的烦恼"。

发达国家内部的贫富差距问题，日益严峻。2016年麦肯锡全球研究所的报告指出，过去10年，全球25个发达经济体中，共有70%的家庭5亿多人的收入呈下滑趋势。诺贝尔经济学奖得主施蒂格利茨曾以"1%的人所有、1%的人治理、1%的人享用"，批评美国社会阶层的严重分化。目前，整个西方最富阶层和低收入阶层相加总和已超过了总人口的50%，中产阶级的萎缩改变了原本橄榄型的稳固的社会结构，令年轻人和穷人深感改变命运希望渺茫。

经济领域的巨变势必在政治领域引发连锁反应。中产阶级的萎缩使所谓的"西式民主"成为空谈，并直接撼动了西方社会的稳定，威胁传统西式民主制度的运作。于是，不少西方国家的政治开始出现极端化倾向：对立的双方越来越难以统一政见，极端政治势力迅速崛起。这些成了西方——不管是欧洲还是美国——的常态。

而国家治理特别是在全球治理中发挥主导作用的大国的国家治理，是全球治理的重要基础之一。近年来，西方国家出现的民粹主义浪潮，表明其国家治理已出现了问题。当面对制度性危机和内部矛盾时，部分国家并未通过内省自身、调整政策或进行改革来解决问题，而是通过激发民粹主义、向外部世界转移矛盾、制造贸易摩擦、放弃本国国际责任等举措来缓解国内危机，对全球治理造成了严重的负面影响。

此外，全球气候变化、生态环境灾害、大规模传染性疾病、极端主义和恐怖主义、移民难民等全球性问题在全球范围内不断扩散，世界和平赤字、发展赤字、治理赤字变得越来越突出，这使完善全球经济治理、化解经济全球化负面效应、引导经济全球化朝着更加开放、包容、普惠、平衡、共赢的方向健康发展，变得越来越重要且紧迫。

毋庸置疑，这些问题亟须一次强有力的全球性变革才能得到彻底解决。从中国的角度看百年未有之变局，其含义是1840年鸦片战争爆发以来，中国学习、追赶西方的阶段历史性终结；对于西方而言，则意味着其500年前开始的崛起已进入尾声；站在全球视角，百年未有之变局的核心则是多极化不断深入和世界政治格局之变，本质则是国际秩序和全球治理体系面临重塑。

历史已经证明，科学技术的发展和产业的兴起是推动人类文明持续进步和世界不断前行的不竭动力。回顾近代以来的世界历史进程，每一次科技和产业革命都深刻改变了世界的发展面貌和基本格局。21世纪以来，人类社会进入了前所未有的创新活跃期，多种重大颠覆性技术不断涌现，科技成果转化速度明显加快，产业组织形式和产业链条更具垄断性。显然，新一轮科技和产业革命对全球创新版图的重构和全球经济结构的重塑，将起到更重要的作用，也将给世界带来无限发展的潜力和前所未有的不确定性。

在此国际背景下，世界主要战略力量纷纷重新厘清自身定位，重新调整内外战略，力求在这场大变局中更好地维护并竭力争取更多国家利益，从而在未来的国际秩序中抢占有利地位。

中国既是发展中大国，也是多极力量中发展最快的国家。面对发展中国家崛起后的大国关系重塑和国际秩序变革，中国正面临难得的历史机遇。在世界经济发展速度趋缓的大背景下，中国经济依然保持中高速增长，并吹响了向高端工业全面进军的号角，逐步向世界最顶尖的利益区域出发，但也动了美国的"奶酪"。清楚意识到这一点的美国，已将中国视为其未来全方位和全球的主要战略竞争对手。谁拥有技术优势，谁就将占据主动。因此，作为中美贸易摩擦焦点的华为公司，由于其5G技术的领先地位挑战了美国的技术话语权，势必难逃此磨难。

由此可见，美国打压华为公司的实质是与中国竞争制定世界规则和全球治理的主导权，是人类文明的方向竞争，是"美国优先"、霸凌主义与平等合作、互利共赢的一较高下。

从世界大国兴衰的世纪性规律和领导权更迭来看，贸易摩擦是两国经济竞争中必然出现的现象和必将面临的挑战。这场贸易摩擦最终将演变为中美两国比较优势的较量。正如2018年12月7日德国之声对于中美贸易摩擦的评论——"美国和中国这世界上两个最大的经济体正在争夺未来几十年内的经济和政治支配地位。"

客观上，美国的一系列举措已激起了中国人民的义愤，增强了中国内部的凝聚力。面对美国制造的贸易摩擦，只要中国应对得当，继续保持稳定发展的势头，美国的战略就将不攻而破。当然这并不意味着美国会就此罢手，新形式的冲突仍将继续上演。

但不管怎样，这场贸易摩擦都将推进中国深化改革的进程，进而改变中国。危机与挑战的降临，将增进人民对改革的共识。吊诡的是，特朗普政府意外扮演了这个助攻手的角色。

对于中国而言，想要实现中国梦和中华民族的复兴，类似的挑战不可避免。以史为鉴，可以明得失。葡萄牙西班牙模式、英美模式、德国模式、美苏冷战模式都不可复制，中国必须以自己的智慧和实力，创造打破"修昔底德陷阱"的成功案例。

第二章

32年不改冲锋口

华为公司的成长史是一部创新发展史。当下的中美贸易摩擦，令这个已具有世界影响力的企业赢得了更多人的关注。

人们好奇，为什么美国这个已称霸世界近七八十年的头号发达国家，对一家仅成立32年的企业存有忌惮之心？华为公司在创新上的哪番作为，竟使这个自称"科技创新世界最领先"的国家，不惜动用国家力量，竭力拖延一家企业向前奋进的步伐？

也许，若干年后再回首时，我们将津津乐道地传颂一家伟大企业所选择的那条通往胜利的道路，以及它一路行来的艰苦卓绝、忍辱负重、开放包容、一往无前。这也恰恰正是我们和我们的国家正在经历和将要经历的。

关于如何取得胜利，这个伟大并仍将继续伟大的企业已给出了答案——对准一个"城墙口"冲锋，在昨天，在今天，在明天……

一、一场注定的交锋

1987年成立的华为公司，是一家通信领域的高科技企业。自诞生之日起，快速迭代、瞬息万变、"不成功便成仁"的行业性质就注定了它只能不断发起冲锋，直至冲入该领域的世界"第一方阵"。今天，华为公司已经成为全球领先的ICT基础设施和智能终端提供商。2018年销售收入7212亿元，全球最具价值品牌排名第68位，世界500强排名第72位。根据华为公司2019年上半年财报，华为在2019年上半年实现销售收入4013亿元，同比增长23.2%，净利润率为8.7%。

一次次冲锋，为华为公司赢得了市场，却也招致了世界最领先阵营的强烈反应。2018年以来，美国对华为公司采取了一系列制裁手段，并给出许多冠冕堂皇的理由。其中，被反复强调的是，"华为发展到今天主要靠偷知识产权和政府支持"。

在2019年5月下旬接受彭博社记者采访时，任正非直言快语地笑答："美国都没有做出来，我们已经做出来了，我们怎么去偷没有的技术？他们偷我们技术的可能性更大一些。我们现在领先美国，如果技术上落后于它，特朗普哪有必要这么费劲打我们？因为我们领先了才打我们！"

至于华为公司得以取得今天的成就，是否依赖于政府支持，则更不值一晒。曾有一位副省级领导到华为公司考察，在与任正非交流时，这位领导问道：政府对企业的帮助应当体现在什么方面？任正非回答，什么也不要做，只要把城市的路修好，公园和道路旁边的花草种好，就是对企业最大的帮助。任正非的这句话生动地解答了华为公司的发展是否依赖政府支持的疑问。

华为公司的崛起史，是一部创新史。一代代华为人刻苦攻关，获得技术领先并持续迭代保持，才铸就了今天的辉煌。这样的领先，从1994年一直延续至今，并从国内领先走向国际领先，从通信行业拓展到ICT行业，从B端（通信设备）到C端（手机），从一个产品的领先走向了一批核心技术的世界顶端。

华为的成长史中，三次创新迭代形成的技术领先极具标志性意义。

第一次领先发生在20世纪90年代初。成立之始，做代理商赚差价是华为最主要的工作内容，但当具备一定资金基础后，40多岁的创业者任正非做出了一个年轻人也不敢做出的重要决定——自主研发程控交换机。

尽管刚起步时资金少、订单少，但从低端的24口的用户交换机BH01上市，到1991年底华为自主研发的BH03交换机通过了邮电部的验收、顺利出货，华为人走自主研发之路的自信心树了起来。

在BH03交换机市场大获成功后的一次庆祝会上，任正非提出了一个伟大的设想，希望华为公司能够成为"世界级的、领先的电信设备提供商"，并梦想"10年之后，世界通信行业三分天下，华为将占一份"。

在当时，这番豪言壮语仿佛一个刚解决温饱问题的人就想成为亿万富翁一般不切实际。但事实证明，任正非对市场的判断和对华为公司的定位完全把准了脉。

在熬过了过渡机型JK1000差强人意的市场表现后，跌跌撞撞的华为认准了中国通信行业市场增长将呈井喷之势，任正非毅然决然地带领华为人投入到新一代数字交换机的研发工作中。事后来看，他的这一步，让华为公司准确地踏上了中国市场巨大潜力增长的快车。1990年中国固定电话的普及率仅为1.1%，2000年飞涨到了50%，10年增长了50倍！正如任正非所判断的，原有交换机的知识和技术形态，必将逐步被新的容量大、更智能的数字交换机所代替。

华为公司的转机来自其自主研发的标志性产品的上市。1994年初，凝结所有华为人心血的C&C082000门交换机的问世，让华为实现了逆袭。短短六年中，华为公司扩张了近千倍，这让华为人尝到了研发的甜头，也令华为人看到了光明的前途。从此，这个自创立起就勒紧裤带将辛苦赚到的利润投入开发新产品，并试图树立远大目标，打破通信行业沉闷格局的年轻公司得到了来自市场和国家有关部门的高度认可。

1994年，C&C08 2000门交换机被邮电部确认为同类产品技术领先。邮电部领导评价，当时的华为公司是一股不可忽视的强大力量。任正非在多次考察国际著名厂家之后，向员工自豪地宣布，外界对C&C08 2000门的领先评价是当之无愧的，它是进入世界前列的产品。1997年，华为公司做研发的C&C08数字程控交换机获得了国家科技进步奖二等奖。

成功并未让华为人放慢研发的脚步。任正非听从了一位当时年仅22岁的年轻人（即日后担任华为公司副总裁的李一男）的建议，开始向研发万门机进军。这是改变华为公司发展状态的关键一步，开始了华为公司真正意义上的崛起。自此，"创新"成了华为最重要的标签。

第二次领先，发生在21世纪初，来自和国内外巨头的短兵相接，并将其逐一击破。

一路行来，华为公司从来不缺少对手。华为公司初创时期所处的时代堪称"战国时代"。当时，国内通信市场的竞争十分激烈。日本的 NEC 和富士通、美国的朗讯、瑞典的爱立信、德国的西门子、比利时的 BTM、法国的阿尔卡特及中国的"巨大中华"（巨龙、大唐、中兴和华为）各有所长。但在拼技术、拼市场、拼创新的激烈角逐中，名不见经传的华为公司毫不示弱，将这些强劲对手一一挑落马下，成了最后的赢家。

第一役是与老对手——上海贝尔的对决。这家背靠世界通讯寡头贝尔总部的企业，与华为公司相比，无论技术、资金还是市场占有率，都具有绝对优势。按理，华为公司并无胜算，但任正非通过对两者优劣势的分析，果断实行"农村包围城市"的战术，先在西南、西北、东北等经济水平和科技水平相对落后的地区占领市场，然后进行大面积"包抄"，最终"乱中取胜"。通过迅速占领新增接入网，1997 年后，四川省内上海贝尔市场份额的70%悉数转移到华为公司名下。1998 年，华为公司的全国销售额首次赶超上海贝尔，在全国"电子百强"中名列第十。

与上海贝尔较量的同时，任正非又将目光锁定在了加拿大的北电网络公司。北电网络是一家著名的北美洲电信企业，是通信领域世界领先的供应商。尽管对手与中国移动、联通、电信和网通及国家邮政局、中国农业银行、国家电力公司等大型单位均已有紧密合作，但任正非毫不胆怯，抓住了对手产品性能不稳定、本土人力资源缺乏、市场反应慢的弱点，凭借以客户为中心的快速反应，依靠良好的口碑和优质的产品服务，硬生生将北电网络公司挤出了中国市场。

随后，华为公司利用国际电信巨头在国内各自为战、水土不服的弊病，各个击破，并击败了AT&T以及第二代AT&T——朗讯。与此同时，华为公司推行接轨国际市场战略。任正非将华为公司的市场从大陆、中国香港地区，逐步扩大到俄罗斯、非洲和拉美、亚洲，直至进军欧洲的法国、英国、荷兰和德国等世界电信巨头的家乡。最终，华为公司将目光投向了世界第一科技强国——美国。

美国的市场虽然十分成熟，但国外企业想要闯入的难度不小。闯关之难，任正非早有准备。早在20世纪90年代就曾远赴大洋彼岸深入考察的他心知，美国的科学技术远比中国先进、发达，且起步较早，本土具有较好的创新氛围与政策土壤。华为暗中观察，并吸取海尔、联想等企业与美国各路高手"过招"的经验教训，持续加大在核心技术上的研发投入，巧妙运用技术与市场创新结合的战术，步步为营，持续发力。2002年，在华为公司大踏步迈入世界最先进通信企业行列时，它与美国老牌巨头思科公司开始了正面交锋。

事实上，随着华为公司实力的不断增强，思科在技术创新力和市场竞争力上已很难再占绝对上风，因此，思科便采取了一些

"无赖"的措施。一些思科内部的美国员工常常公开诽谤或质疑华为公司的技术背景名不副实，并在内部网站无端指责华为公司在产品研发中抄袭思科的技术。美国一些分析人士更毫无根据地指责华为的某路由器产品与思科产品的型号及技术特征都有类似之处。

在思科的有心宣传下，越来越多的美国消费者认为中国企业的核心技术是有局限和短板的。一些美国财经媒体更是直接针对思科对华为公司的指责，做出了"确定性报道"，很大程度上影响了随后司法诉讼的公正性。第一次诉讼失利后，任正非权衡利弊，调整策略，果断补上了舆论引导的短板，积极与媒体沟通，努力消除公众对华为公司的偏见。经过几番交手，思科深知仅依靠舆论不可能再打压华为公司，遂于2004年与华为公司正式达成和解。

至此，两大企业的较量虽然未分胜负，但在道义上，各国媒体更认同华为公司是战略意义上的胜利者。思科在世界范围内封杀华为公司的举动，以失败告终。而华为公司凭借强大的产品研发力和战略韧性，不仅在美国站稳了脚跟，也大大提升了自己的市场口碑。

但更大的挑战来自同在深圳的中兴。"中华"之战一直从21世纪初胶着至2018年，从国内到国外，各有胜负。直到中美贸易摩擦发生，两个"同胞兄弟"遇上了同一个对手——美国。

2018年4月，美国对中兴进行制裁。6月，中兴接受美国10亿美元的罚款要求，董事会管理层30天内换人，美国对中兴的现场检查不受任何限制等条件后才取消了禁售令。这意味着未来十年中兴公司都将处在美国商务部的密切关注和监控中。

这个无比屈辱和代价极大的和解办法，是美国商务部对违反出口管制企业所收取的最大的一笔罚金，也几乎让中兴公司"休克"，并将在很长一段时间抬不起头。

随后正如我们所看到的，美国如法炮制，对华为公司进行严苛的制裁，但结果却大大出乎美国人的预料。华为公司不仅没有屈服，而且还让美国觉得难受，将已经箍紧的手，松了下来。为什么？因为，华为公司早有准备。

华为和中兴在面对美国时最大的差别在于，华为公司把命运紧紧地掌握在了自己手中。早在2012年，任正非就意识到没有核心技术可能产生的恶果。

他在一次内部讲话中说："我们现在做终端操作系统是出于战略的考虑，如果他们突然断了我们的粮食，安卓系统不给我们用了，微软系统不给我们用了，那我们是不是就傻了？同样，在做高端芯片的时候，我并没有反对买美国的高端芯片。我认为你们要尽可能地用他们的高端芯片，并好好地理解它。当他们不卖给我们的时候，我们的东西稍微差一点，也要凑合能用上去……我们不要狭隘，我们做操作系统和做高端芯片是一样的道理。主要是让别人允许我们用，而不是断了我们的粮食。断了我们粮食的时候，备份系统要能用得上。"

这是何等的战略眼光！任正非的底气，也正是来自进入新世纪之后的关键战略布局——进军C端手机终端设备，并通过持续研发投入，实现了芯片等关键部件的技术领先。

从2002年，任正非在华为公司年利润突破1亿美元时，决定投入10亿元人民币成立终端公司做手机业务，到2012年华为P6手机销售400万台，再到2018年华为手机全球销量达2亿台，成为中国市场的第一大品牌，且在质量和品牌上彻底超越苹果和三星公司为时不远。这些成就的背后就是华为公司在技术创新上的坚持不懈，奋力追赶直至保持领先。

在C端手机业务上，华为公司用两条腿走路：荣耀系列定位低端市场，用的是美国高通芯片；Mate系列和P系列定位中高端，用的是华为海思自己的麒麟芯片。据统计，2017年华为公司生产的手机中，有2/3配备了海思芯片。

事实上，在任正非心中，海思芯片的地位比手机公司还要高，他曾对海思"女掌门"何庭波说：我给你每年4亿美元的研发费用，给你2万人，一定要站起来，适当减少对美国的依赖。

即使芯片暂时没有用，也要继续做下去，这是公司的战略旗帜，不能动摇。从2011年到2017年，海思的研发收入翻了三倍有余，从不到40亿美元增长到了140亿美元。目前，海思在全球已经拥有1万名员工。

三次重大的技术创新领先的背后，是华为人"敢拼才会赢"的魄力，是华为人认准了"做技术的领先者是赢得市场赢得客户的关键"。经历无数次残酷竞争洗礼的华为公司，绝不是某些国家和企业口中的模仿者、抄袭者。恰恰相反，华为公司已通过持续投入和坚持创新，从过去的跟跑者变成了优秀同行的并跑者，甚至领跑者。今天的华为公司已成了世界上持有专利最多的公司之一。21世纪以来，华为公司的专利数跻身世界前列。截至2018年底，累计获得授权专利87805项，其中11152项是美国专利。

可见，美国对华为公司的指责和打压与思科一样，是缺乏事实依据的。华为公司的创新能力已得到了国际媒体、行业权威机构普遍、持续的认可。

2009年，华为公司入选美国《快速公司》（*Fast Company*）杂志评选的最具创新力公司前五强。

2010年，华为公司获英国《经济学人》（*The Economist*）杂志2010年度公司创新大奖。

2014年及2016年，华为公司两度入选科睿唯安（*Clarivate An-*

alytics/Thomson Reuters）"全球百强创新机构"。

2018 年，华为公司获得 GSMA 颁发的"移动产业杰出贡献奖"，以表彰其一直以来在移动产业做出的巨大贡献。

2019 年，华为公司的 5G RAN 创新上下行解耦荣获 GSMA "最佳无线技术突破奖"。该奖项是 GSMA 设立的、为表彰技术革新带来用户体验明显提升的技术的重要奖项，是通信界公认的最高荣誉之一。

今天的华为公司，每年发表学术论文 100 —200 篇，向全球各标准组织累计贡献技术提案 6 万多篇，同时也是开源社区的主要贡献者。华为公司的创新成果为客户、消费者、合作伙伴和产业资本带来了巨大价值。此外，华为公司尊重第三方知识产权和商业秘密，制定了系统全面的知识产权管理与合规制度，并努力保障制度的落实。

正如任正非所言，"人类社会不是丛林法则，因为人类社会总是要合作共赢的。华为公司创新发展的历程，没有捷径可走，是通过拼搏走出了一条与同领域的世界领跑企业共进的历程。华为人一直是向美国人民学习、与对手做朋友"。任正非说："美国公司是有道德良心的、非常好的同行和合作伙伴。华为公司 30 多年的发展，要感谢世界上所有先进公司的支持与帮助。假设美国是上游，上游的水总要流到下游来。如果上游的水不流到下游来，下游就干枯了，但上游没有下游也同样会枯竭，因为下游的市场对上游特别重要。科技与市场脱钩不符合历史发展的规律。华为公司永远都不想离开美国公司在技术、部件、产品等多方面所给予的支持。因为美国的技术、部件能让华为的产品更加先进，能更好地为人类服务。"

事实上，华为公司与全球所有主要ICT企业都曾有过合作，包括诺基亚、爱立信、高通、北电、西门子、阿尔卡特、BT、NTT Docomo、AT&T、苹果、三星等，通过友好谈判达成多轮、100份以上专利许可协议（包括单向许可和交叉许可）。迄今经过友好谈判签署的收费专利许可协议超过10份，协议的付费方涵盖美国、欧洲、亚洲公司。2015年以来，华为公司获得的知识产权收入累计超过14亿美元。华为公司遵守付费使用IPR的国际规则，通过交叉许可或付费许可合法地获取他人专利技术的使用权，累计支付专利使用费超过60亿美元，其中80%是给美国公司。

华为公司的成功是创新领先的成功。没有创新领先，想在高科技行业中生存的可能性几乎为零。在这个领域，没有喘息的机会，哪怕只落后一点点，就意味着走向死亡。

任正非深刻地洞察到了"领先"和"领导"的不同。他指出，"领导"是要建立规则和共同胜利的标准。"领先"，就是在技

45

术、商业模式、质量及服务成本、财经等方面走在前列。如果华为公司的产品做得好，就能服务世界上绝大多数的运营商，就能掌握市场主动权。所以在5G的问题上，华为公司下定决心要做到战略领先。这大概也是美国向华为公司"极限施压"的重要动因所在。

未来已至。进入万物互联的智能时代，摆在华为公司面前的有两条路，一条路是生，一条路是死。对于华为公司而言，除了通过不断创新获得胜利，无路可走。

二、对准一个"城墙口"冲锋

必须看到，技术的领先并不代表华为公司的创新实践等同于狭义的技术创新。相反，华为公司的创新是全面的、系统的、多维度的。其在理念、组织、文化、技术和经营模式等方面的创新实践，或许能帮助我们读懂华为公司在受到美国"极限施压"时的极其淡定的背后逻辑。

奥地利著名经济学家约瑟夫·熊彼得认为，创新是"生产要素的重新组合"，是要把一种从来没有的关于生产要素和生产条件的"新组合"引进生产体系中去，实现对生产要素或生产条件的"新组合"。

他将创新具体概括为五类活动：采用一种新的产品，采用一种新的生产方法，开辟一个新的销售市场，获得原材料或半制成品的一种新的供应来源，实现一种新的组织。

后来，人们将他这段话归纳为五个创新，即产品创新、工艺创新、市场创新、资源配置创新、组织创新。当然，一个组织和企业的创新可以是以上创新的任意组合。

对照熊彼得的理论，我们不难发现，任正非和华为公司的实践与此惊人吻合。或者说，华为公司完美地实践着创新规律，创造着创新理论。

创业之初，华为公司顺应市场趋势、针对市场需求开发的数字交换机，以及后来问世的2000门机、万门机，都是更具市场竞争力的产品创新。

华为公司借助数字化技术研发出数字化、依靠光纤连接的智能化交换机，实现从4G向5G的跨越，并与产业伙伴共同完成3GPP 5G首个标准版本制定，开启5G商用时代，正是采用了新的生产方法。

华为公司一步步开疆拓土、走出国门、冲出亚洲、远赴欧美，与美国思科对决，正是不断开辟新的销售市场。

华为公司针对核心部件芯片和操作系统，持续加大投入，布局技术研发，实施海思计划，研发鸿蒙操作系统，为自主生产随时准备技术要素和核心备件，正是开拓新的要素供应渠道。

华为公司向合益集团和IBM公司学管理，起草《华为基本法》，确立以"客户为中心、以奋斗者为本、长期艰苦奋斗、坚持自我批判"的企业核心价值观，通过制度和流程再造，创造全新的组织方式。

这些看似巧合的现象，实则是华为公司在生产实践中对"创新"理念的精准把握。华为公司的创新始终是以客户需求为主导的。当然，这也是所有成功的商业模式共同秉持的理念，不同的只是执行力的强弱。

对于创新，任正非有着来源于实践且高于实践、符合理论且深于理论的认识。在2019年1月回答记者提出的"怎么理解自主创新对中国公司的意义"一问时，他明确表示，自己从来不支持"自主创新"这个词。任正非认为，创新必须是开放的、持续改良的、资源充分共享的。

自创建之初，华为公司就秉持开放创新的理念。它所提倡的是"鲜花插在牛粪上"，即在继承的基础上创新。任正非支持精神层面的自主创新，但科学技术是人类的共同财富，一定要站在前人的肩膀上攀登，才能缩短华为公司进入世界领先阵营的时间。

什么都自己来，是过分狭隘的做法。

华为公司崇尚持续改良式的创新，"小改进大奖励，大建议只鼓励"。据说一名新员工刚入职时，针对公司的经营战略上了一封"万言书"，任正非对此并不认同。在他看来，员工最重要的是做好本职工作，不应把主要精力放在构思"宏伟蓝图"、干"天下大事"上。在产品的技术创新方面，任正非认为，应努力保持技术领先，但只能领先竞争对手半步，领先三步就会成为"先烈"。因为如果技术先进到了别人还未对它完全了解与认可的程度，就得不到市场的肯定，而企业也很可能因技术创新消耗过多人力、物力、财力，丧失了竞争力。

华为公司推崇"共享资源的创新才是真正创新"。创新的本质是用更低成本、更高效率为市场提供优质产品和服务，考验的是企业资源配置的能力。任正非十分强调企业内外部的资源共享。他认为，至少要利用华为公司所拥有的资源的70%以上才算真正的创新。他曾严肃指出，由于一些人的创新并不共享资源，导致大量的重复劳动。

华为公司的组织创新也是独树一帜的。在公司成立早期，任正非就在公司倡导和推动"一点两面三三制"。所谓"一点"，就是要把优势兵力集中到主要攻击点上，而不赞同在各个突破口平分兵力的做法。所谓"两面"，即必须采取勇敢包围的办法，防止敌人突围逃走。

从结构上来看，"一点两面"可以构成一个"铁三角"。我们知道，三角形是最稳定的结构，但这个"铁三角"并不是一成不变的。它可以根据市场、研发和用户服务的不同，灵活调整组织结构。因此，一个稳定的组织结构里，资源向市场、开发和创造性工作的不同配比的倾斜，就能围绕目标创造出无穷变化。

这一架构可能与任正非曾经的军旅生涯影响有关，他向美国军队学习蜂群战术、重装旅等，并将军事组织学的思维很好地"移植"到企业的组织创新管理上。针对市场变化，他在指导研发体系战略队形和组织结构时曾说，打仗的队形是可以变化的，研发体系的战略队形和组织结构也要随着环境的变化及时调整和变化，不能僵化、教条，研发的价值评价体系要均衡。在攻克新技术时，应使队形变得尖一些以增大压强，通过新技术赢得更多市场。当新技术的引导作用减弱时，要使队形扁平化一些，多做一些回应客户现实需求、技术难度不高的产品。

此外，他还用当年中国人民抗日军政大学的校训来指导企业的组织创新，即"坚定不移的政治方向，艰苦朴素的工作作风，灵活机动的战略战术"，要求华为人有坚定不移的努力方向，又要学会随机应变。

华为公司"铁三角"的精髓是，为了实现目标打破功能壁垒，形成以项目为中心的团队运作模式。任正非指出，公司业务开展的各领域、各环节，都会存在"铁三角"，而所谓"三角"只是形象的说法，不能简单理解为三个角，"四角""五角"甚至更"多角"也是可能的。公司的主要资源要用在找目标、找机会，并将机会转化为成果上。后方配备的先进设备、优质资源，应该在前线发现目标和机会的第一时间，及时发挥作用、提供有效支持，而不是拥有资源的人来指挥战争、拥兵自重。

任正非提出，要让"听得见炮声的人来决策"。现在，任正非在公司的身份是一个排名靠后的董事，本人远离经营，甚至远离管理，用他的话来说变成"一个头脑越来越发达、'四肢越来越萎缩'的领袖"，决策权早已让给了听得见炮声的人。

华为公司的组织结构是灵活的。任正非创造的华为军团的"三三制"、内部轮值机制、高层的退任和回任制度，以及针对基层反对意见的"不拘一格降人才"，已成为企业组织创新的独特阵法，为华为公司的研发领先和营销上的攻城拔寨赢得了战机。下一步需要拍板的，就是进攻的方向。

企业努力前进的方向，就是所谓的企业战略。战术可以灵活，但战略方向一般在某一时段内会保持相对稳定。对于处于几年一迭代周期的高新技术企业而言，战略规划的创新需要大智慧、大手笔、大格局。

　　任正非曾说，企业应不断调整前进方向，保证方向的大致正确。但方向并不一定要求绝对正确，因为绝对正确的方向是不存在的。有一次他向员工训话时说："我们的战略规划办是研究公司3—5年的发展战略，不是研究公司20年之后的发展战略。我不知道公司是否能够活20年。"

　　那是不是说华为公司没有战略创新？当然不是，华为公司战略目标的调整非常清晰。回顾30多年华为公司创新发展的战略历程，走针尖式发展道路、朝着一个"城墙口"不断冲锋，是始终不变的战略导向。任正非在许多场合提出，华为公司要坚持"压强原则"，即集中力量，在一个点、一个面上有重大突破，要有所为、有所不为，坚持针尖战略，不在局部利益上消耗战略竞争力量。

　　事实上，华为公司最大的创新战略就是始终坚持将研发布局作为企业的首要战略。任正非在回答记者提问时说道：华为公司没那么伟大，华为公司的成功也没什么秘密。为什么成功？因为华为公司是最典型的阿甘。阿甘精神就是目标坚定、专注执着、默默奉献、埋头苦干。华为公司就是阿甘，认准方向，朝着目标，傻干、傻付出、傻投入。华为公司选择了通信行业，这个行业比较窄，市场规模没那么大，面对的又是世界级的竞争对手，我们没有别的选择。只有集中配置资源，朝着一个方向前进，就像部队攻城，选择薄弱环节，撕开一个口子，两翼的部队蜂拥而上，把口子从两边快速拉开，随后千军万马大军压阵，不断扫除前进中的障碍，最终形成不可阻挡的潮流，将缺口冲成了大道，城就是你的了。这就是华为人的傻干！

这场对准通信领域这个"城墙口"的冲锋，华为人已经坚持了32年。

起初是几十人，接着是几百人、几万人，现在是十几万人。每年炮轰这个"城墙口"的"弹药量"达到了1000多亿元。其中，研发经费近600亿元，市场服务费用500亿—600亿元。2019年，华为公司计划研发投入1200亿元。近10年，华为公司投入研发费用总计超过4800亿元。这场向一个"城墙口"的冲锋，最终让华为公司在通信行业领先了世界。

静心分析，华为公司成功的因素有多种，但最关键是长期重视研发投入，对准一个"城墙口"冲锋的创新战略。任正非不止一次提到，华为公司是从落后位置赶上来的，如果故步自封，如果对战略的投入不够，就会很快被历史边缘化。

从下面的一组数据可以看出华为公司的坚持：

2018年，华为公司研发费用为1015亿元，占收入的14.1%，位列欧盟发布的2018年工业研发投资排名第五位。

在华为公司遍布全球的18.8万多名员工中，研发人员占比为

45%。

根据华为公司的战略部署，未来几年，华为公司的年研发经费会逐步提升到150亿—200亿美元。与之相应，华为公司每年的专利申请数量和授权数量也将持续增长。

但光靠砸钱是不够的。任正非有一句经典的话："让高校的灯塔照亮华为。"他还进一步阐释说，人类文明的进步，往往是科学家有了发现与创新，政治家有了领导与推动，企业家有了产品与市场，全人类共同努力创造新的财富。华为公司要以大海一样宽广的心胸，容纳一切优秀人才共同奋斗，支持、理解和帮助世界上一切与其同方向的科学家，从他们身上找到前进的方向和力量。

近期发布的《华为创新与知识产权白皮书》公布了华为公司开放对接全球创新资源的主要方式：

人才基金，支持在专业领域研究领先的高校和科学家，推动基础理论的突破；

与商业伙伴或研究机构建立联合实验室，面向顶级的先进技术，开展合作研究，共享研发成果；

在 X Lab 应用场景实验室中，围绕联网无人机、车联网、云化 VR/AR、无线医联、无线机器人等五大场景进行研究，为 5G 应用提前构建生态；

已与全球20多位重要客户或合作伙伴建立了36个联合创新

中心；

资助"沃土计划"，累计已投入10亿多美元，加速以华为云为底座的开发者生态能力建设、上线华为云学院，为开发者提供学习、认证、开发和支持的全方位服务。同时通过实物、资金、云服务资源、企业对接等商业扶持，加速人才培养、产品上市，连接开发者与华为公司的全球市场机会。目前，全球注册开发者近30万人，增长超过150%，新增认证联合方案近600个，新增认证开发人员1700多人。

华为公司充分利用全球创新资源，吸纳世界范围内的专业人才共同开展研究工作。目前，华为公司已与全球共300多所高校、900多家研究机构和公司开展合作，共实施项目7840个，投资18亿美元，签署的对外付费的研发合作合同达1000多份。今后，仍计划每年投入3亿美元，主要用于向世界各地的大学和研究机构支付合作费用，购买合作研发成果或使用权。

而在华为公司被美国列入管制的"实体清单"后，任正非在接受中央电视台记者采访时表示，最让他担心的并不是华为公司与美国的交锋，而是基础科学研究被封锁。任正非对基础研究的认识别具洞察力。他说，基础研究就是"把钱变成知识"。在他看来，华为公司和高校的合作，就是通过资助获得、学习知识。学院的科学家与技术专家常先行一步获得知识，如果把他们的先知投入到华为公司近万名基础研究人员的漏斗中，将有助于让华为的产品具备领先时代的能力。

任正非表示，一个国家强大的基础不在于硬件设施，而在于文化、哲学和教育。华为公司在全世界拥有20多个研究中心，其中有700多位数学家、800多位物理学家、120多位化学家，另有从事基础研究的人员约1.5万名。

显然，不仅只有一束光在"照亮"华为，还有千万道光也在照耀华为。近万名基础研究人员与7万多产品开发人员共8万多人，加上未来每年近200亿美元的研发经费和华为人超群的知识转化力，难怪任正非能自豪地说："实际上我们自己就变成了金身，只要我们能谦虚地消化，我们就能领导这个世界！"

文化创新是华为公司获得核心竞争力的更关键的力量。早在华为公司创建之初，任正非就非常重视文化建设。1997年他就提出，"资源是会枯竭的，只有文化才能生生不息"。这也是写入《华为基本法》的华为人对文化创新的基本态度：我们坚持以精神文明促进物质文明的方针。这里的文化，不仅仅包含知识、技术、管理、情操……也包含了一切促进生产力发展的无形因素。

在华为公司的快速成长期，任正非就意识到文化创新对于企业的意义。他说，我们公司一无所有，只有靠知识、技术和管理，靠在人的头脑中掘出财富。他也毫不讳言，我们的一切都是围绕商业利益的。因此，我们的文化叫企业文化，而不是其他文化。因此，华为公司文化的特征就是服务文化，因为只有服务才能换来商业利益。

32年来，华为公司在不同的发展阶段都充分发挥了企业文化的导向、凝聚、激励、约束等关键作用。

面对创业早期的艰苦条件，任正非不断强调艰苦奋斗是华为人的魂，要树立通信行业"三分天下，终有华为一席"的雄心，让华为人记住从"垫子文化"开始创业的辛苦，鼓励华为人"前进要有背水一战的勇气"，永不做丧失斗志的"沉淀阶层"，实施"狼狈组织计划"，鼓励市场部门和管理服务部门形成狼和狈相互协同的文化，不断锻造出领军的将军和团结一致的团队。

当企业渐入正轨，面对激烈竞争和与国际通信寡头的正面交锋，任正非开拓高层视野，重塑思维模式，提醒团队不要忘记英雄并呼唤英雄的出现，在思想上艰苦奋斗，瞄准世界第一流公司，充满自信地走向战略性胜利的战场。

当企业逐渐做大做强、冲入世界前列，任正非更是居安思危，以《华为的红旗还能打多久》《华为的冬天》，提醒华为人"泰坦尼克"号是在欢呼中沉没的，不要把公司当作天堂，绝不能沾沾自喜，要以客户为中心，以奋斗者为本，不断武装头脑，储备、积累核心技术，打造知识密集型企业，为世界提供更好的通信产品和服务。

在成为世界通信领域的领导者后，面对白热化的国际化竞争，任正非倡导开放、妥协、灰度，不断发展拥有自主知识产权的世界领先的电子和信息技术支撑体系，尽显华为公司作为行业领导者的风范。

一路行来，任正非将自身坚强的意志、对胜利的渴望、对创造的热爱适时传递给每一个华为人，并塑造了华为公司独特的创新文化。显然，任正非面对美国"极限施压"的淡定，正是因为坚信，拥有可不断自我优化的文化，华为公司永远不会倒下。

华为人认为，劳动、知识、企业家和资本创造了公司的全部价值。因此，华为公司对待知识的资本化和人力资本的态度是，强调人力资本不断增值的目标优先于财务资本增值的目标。

早在1996年，任正非邀请中国人民大学的六位教授起草《华为基本法》时，就创造性地提出了"知"本主义的观点，即以知识为本的主义，而不是资本主义。换言之，就是知识雇佣资本，而非资本雇佣知识和劳动力。任正非认为："'知'本永远是高于资本的，这就是我们有关人才的理念，人才是决定一切因素的关键。"

因此，任正非努力经营人力资本。华为公司每年投入的巨额研发经费中，有近60%花在人身上。在任正非看来，人是最值钱的，只有认识到人的价值，才能成为一家最有价值的公司。

考虑到中国还不具备健全的外部劳动力市场，人才问题无法依赖市场解决；中国未完全实现素质教育，毕业生的上手能力很弱；而信息技术的更新周期短，老员工需要不断"充电"，于是，华为公司提供了大量的各类讲座、培训项目，帮助员工提高综合素质和技能水平。

2019年7月23日，华为公司总裁办发布内部邮件，宣布对部分2019年顶尖毕业生实行年薪制。文件中的8位应届生均为博士，年薪为89.6万—201万元。文件称，今年华为公司将从全世界招进20—30名天才"少年"，今后逐年增加人数，以调整华为公司人才队伍的作战能力结构。这份文件的签发人，正是任正非。

任正非认为，未来的竞争一定是人才之间的竞争，企业是否具有竞争力，取决于是否拥有最优秀的人才。如果不为人才创造干事创业的平台和提供有竞争力的薪酬，就吸引不来真正的人才。

正基于此，华为公司从创立的第一天起，就对知识劳动者的智慧——非货币、非实物的无形资产进行定价，让"知本家"作为核心资产成为华为公司的大、小股东。今天，华为公司已有了近8万名股东。这一"工者有其股"的制度，是激励华为人不断艰苦奋斗、开拓创新的关键。

目前来看，华为公司或许是人类商业史中未上市公司员工持股人数最多的企业。通过极其分散的股权结构，实现企业长期使命和中长期战略的统一，不同股东阶层、劳动者阶层、管理阶层利益的统一，应当可谓是华为公司经营方式中最大的也是最具颠覆性的创新，可能也正是华为公司得以创造奇迹的根本所在。

三、下一场战争叫和平

外媒报道称，美国商务部长罗斯于2019年7月23日对彭博电视表示，特朗普政府计划在未来几周内处理美国科技企业提出的向被列入"黑名单"的华为技术有限公司出售产品的豁免申请。对于正遭受美国"极限施压"的华为公司而言，这无疑是一则好消息。

但我们也相信，华为公司和任正非已经做好了应对最坏局面的准备。因为，走过的路已教会他们，前进的路上永远可能会与困难和冲突狭路相逢，在冲突中发展更需要"求和"的智慧。在竞争激烈的贸易场上，"战争"总会不期而遇，但我们可以选择"战争"的类型。有一种"战争"，叫作和平，它是智者通向胜利之门。

尽管创业初期的生存环境令华为公司具有了与生俱来强悍的

特性，但华为公司很早就意识到，一味的强悍并不能征服世界。早期，华为公司因其"饿狼扑食""海盗文化"的突出的进攻特质，一度被西方媒体塑造成一个"攫取、独裁、不包容"的企业，严重阻碍了华为公司进军国际市场。前任华为公司董事长孙亚芳曾反思道："公司这些年来的身段太刚硬了，发展到后来开始变得僵硬。华为需要做出改变。"

由此而来的改变，延续至今，也深刻影响了任正非在经受这场"极限施压"时的态度。

2007年12月，任正非在香港与美国前国务卿奥尔布莱特进行了一次会谈。这次会谈中，任正非阐述了华为公司成长、成功背后的逻辑，并第一次将"开放""妥协""灰度"三个词并列在一起，指出这是华为公司从无到有、从小到大、从弱到强快速发展的"秘密武器"。2009年1月15日召开的全球市场工作会议上，任正非系统阐述了保持开放心态、用好妥协的艺术、实现灰度的境界这三者之间的关系，并指出这是理解华为公司的过去、今天和未来的核心密码。

在任正非看来，任何强者都是在均衡的大环境中产生的。华为公司可以强大到不能再强大，但如果一个朋友都没有，也无法生存下去。因此，他认为，不应狭隘地一味消灭对手，应该团结对手并与其中的强者联手。"我们和强者要有竞争也要有合作，只要有益于我们就行了。"

他主张"把对内、对外的妥协都大张旗鼓地讲清楚",华为公司不是要灭掉谁家的灯塔,而是要长久竖起自己的灯塔,也支持别人的灯塔永远不倒。

"朋友越多,天下越大!"令曾经工作作风强悍的任正非转变领导风格的,是1688年英国的"光荣革命"。

这是英国历史上的最后一场革命,没有付出流血和牺牲的巨大代价,却达到了革命的目的,并让英国从此维持了300多年的稳定状态,所依靠的正是理性精神基础之上的谈判与妥协。

"妥协",这个中国人眼中的贬义词,成了西方资本主义制度中颇具建设性的思想养料,并最终哺育了全球最强盛的资本主义国家——美国。任正非从西班牙与葡萄牙身上看到了海盗精神的退化,从荷兰身上洞察了资本至上、过度投机毁掉的帝国繁荣,从英国"光荣革命"中得出了华为公司立足世界的创新逻辑。

经过深入反思,他将"妥协"的意义和内涵进行了深入剖析,并将得出的成果传达给每位华为人:"妥协其实是非常务实、通权达变的丛林智慧。凡是人性丛林里的智者,都懂得在恰当的时机接受别人的妥协,或向别人妥协。毕竟人的生存需要理性,而不是一味意气用事。妥协是双方或多方在某种条件下达成共识,在解决问题的诸多办法中,或许它不是最好的办法,但在没有更好的方法出现前，它就是最好的办法。"

"妥协并不意味着放弃原则，一味让步。明智的妥协是一种适度的交换。为了达到主要目标，可以在次要目标上做适当让步……明智的妥协是一种让步的艺术，也是一种美德，而掌握这种高超的艺术，是管理者的必备素质。只有妥协，才能实现双赢或多赢，否则必然两败俱伤。因为妥协能消除冲突，而拒绝妥协必然是对抗的前奏。"

"没有宽容就没有妥协，没有妥协就没有灰度；无法依据不同的时间、空间，掌握一定的灰度，就难有审时度势的正确决策。开放、妥协的关键是如何掌握好灰度。"

任正非要求华为公司的各级管理人员，要真正领悟妥协的艺术，学会宽容，保持开放的心态，真正达到灰度的境界。"一个人的和平不是和平"，这是华为创新制胜之道的核心要义，也许也正是任正非带领华为公司走出困境的必备格局与智慧。

当然，妥协并不是绥靖。有敢打的底气才能理性"求和"。

当下华为公司遭遇的困境，早就在任正非的意料之中。为此，他不仅启动了"备胎"计划，也做好了攻入"无人区"的一切准备。害怕，于事无补。战胜害怕的最好办法就是挺身而出，勇敢地接受挑战。

任正非在华为公司2018年IRB战略务虚研讨会上动情地说

道："我们现在面临的，将是与美国的关系可能会比较紧张的一个阶段，要做好充分的准备。投降没有出路。"

面临"极限施压"的困境，任正非为全体华为人提振士气，让大家不要把当前形势看得过于悲观，应认清形势总体还是好的。华为公司处于信息社会，信息流量空间的增加潜力极其巨大，即使个别地区不接纳华为公司，也不影响在流量扩大时华为公司将会拥有其他机会。

面向不确定的未来，任正非的选择是练好内功，提升内部的经营质量，选用能打硬仗的干部，努力打赢"智能物联"时代的战争，"打赢了才可能获得未来二三十年的和平"。

令外界相信华为公司"求和"的诚意，并非易事，因为创新者总是引人瞩目，且令人备感压力。随着华为公司在通信行业的影响力与日俱增，任正非清醒地意识到，做一个谦虚的领导者对于一个逐渐强大起来的企业而言，至关重要。

于是，他曾在多个场合再三强调，华为人要低调。多年来，任正非极少接受媒体采访。若不是中美贸易摩擦升级到如今的地步，华为公司需要得到更多外界的理解与支持才能生存和发展，任正非也不会频频在各大媒体露面发声。他曾说过，当别人根本认不出你是华为人的时候，你就是华为人。

这番告诫不无道理。古人云："木秀于林而风必摧之。"身为强者，往往会得到更严苛的要求和更高的期待。这是动力，更是压力。作为创新者，置身于高光下，不仅容易成为赶超的目标和被狙击的对象，处理与客户的关系也难度陡增，容易受到"店大欺客"的无端指责，甚至被误解为凭借创新优势，"敲诈"黏性很强的用户。如何化解这些强大后的烦恼，任正非提出，要做一个谦虚的领导者，令客户、供应链伙伴、社会公众乃至竞争对手形成共识：华为公司的存在是有益的。这就是华为公司的转型。

任正非提出，有时候必须像姚明一样蹲着说话。不要认为蹲下身就是不伟大的，相反，谦虚来自自信和自身的强大。无论将来华为公司有多么强大，应永远谦虚地对待客户、供应商、竞争对手、社会公众，也包括自己。作为强者，不能只顾自身利益，而对维护市场的公共秩序不管不顾。

他表态称，华为公司不会因为在5G领域中偶有一些领先就得意忘形，华为公司会与社会开放共享。如果中美直接进行科技脱钩，双方都是受害者，没有人将从中受益。

直面世界最强大国家的"极限施压"和当前面对的巨大困难，任正非没有气馁。他说，"人类的需求就是我们的奋斗目标，少赚一点钱有什么关系"，"这个世界离不开我们，因为我们比较先进"。

客观上看，这一年来，华为公司在全世界做了一次规模空前却十分廉价的广告宣传。世界各国也并没有因为美国的"极限施压",而放弃使用华为公司提供的产品和服务。

在今年接受BBC专访时,任正非淡然回应:有人说"美国要把华为搞垮",他认为这是根本不可能的事。堡垒是最容易内部松散的,外部的压力会使堡垒内部更团结、密度更大、更有战斗力,怎么会垮呢?

2019年3月29日,华为公司宣布,2018年公司收入首次突破1000亿美元,总收入7212亿元(约合1070亿美元),同比增长19.5%,净利润593亿元,同比增长25.1%。

事实上,经过32年向着一个"城墙口"的冲锋,华为公司已在通信行业攻入无人区,身处无人领航、无既定规则、无人跟随的境地。面对危机的考验,华为人从未畏惧。任正非在公司内部讲话中从不避讳失败,他坦言,不能居安思危就必死无疑。

国内外越来越多歌颂式的宣传,反而更让任正非担心。他反问华为人:"我们是否会沾沾自喜?我们的队伍是否会滋生一些不良的浅薄习气?华为人的自豪是否挂在脸上?凭什么自豪?华为人能否持续自豪?我们前进的道路越来越宽广、平坦,还是越来越曲折、艰难?在持续不断与困难斗争之后,会是一场迅猛的发展,这种迅猛的发展会不会使我们的管理发生断裂?会不会使志得意满的华为人手忙脚乱,而不能冷静系统地处理重大问题,从而导致公司的灭亡?那么我们有没有成功呢?还看我们自己。所以我们真正碰到的最大的敌人，不是别人，就是我们自己。"

"在任何荣耀和失败面前，都要平静得像一湖水。"这是当下任正非传递给创新者的最清醒态度，也是一个自强者、奋斗者面对困难、面对挑战、面对未知时的冷静与自信。

第三章

炼就核聚力

18年前，华为公司就已将分支机构设立在了遥远的美国得克萨斯州。这一年，中国刚刚加入WTO，这对于意欲在美国开拓一番事业的华为公司而言，无疑是最好的时机。

　　但事情的进展并不如人意。一方面，几乎与华为公司同时创立的思科公司，眼见华为公司进军国际市场后一路高歌猛进，早已将其视为重要对手。这次本土作战，思科主动采取了攻势。2003年1月23日，思科正式起诉华为及其美国分公司，要求其停止侵犯思科的知识产权。华为公司积极应战，并与之展开了长达一年多的知识产权战。华为人称此为公司的"世纪诉讼"。直到2004年7月28日，双方达成和解，法院判决思科公司终止对华为公司的诉讼。

　　另一方面，美国政府对华为公司也并不欢迎，出台的不少限制措施令华为公司无法大展拳脚。2010年，华为公司成了仅次于爱立信的世界第二大通信设备生产商，但其在美国的投资仍无一例外地均告失败。2017年，华为公司的手机销量排名全球第三，但直至2018年仍然无法进入美国市场销售。

　　即便如此，2018年华为公司的手机业务仍稳步增长，虽然销量仍低于苹果公司，但差距已进一步缩小。反观苹果公司，业界普遍认为2018年苹果公司的手机业务遭遇滑铁卢。2019年初，苹果公司的市值更是跌出世界前三，排名第四。苹果公司的2019年第三财季财报显示，今年净利润为100亿美元，比去年同期的115亿美元下降13%。

2018年8月，特朗普签署了一项法案。该法案延续了美国政府一贯的强硬作风，以"国家安全"为由，明确禁止美国政府机构购买华为公司提供的设备和服务。

这一事件发生在美国制裁中兴事件之后，加剧了中美贸易摩擦，并被全球媒体广泛报道。也正因如此，越来越多的人开始真正关注、了解华为公司。而此前，不少人一直把华为公司视作手机制造商，全然不知华为公司早已是排名世界第一的通信设备供应商，其2018年的全球市场份额高达28%。

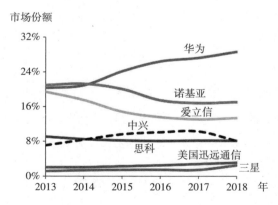

图3-1：Dell'Oro Group 发布世界七大通信设备生产商市场数据

正当中国民众为华为公司取得的诸多成就而深感震撼和自豪时，孟晚舟被扣押事件发生并在国内引起强烈反响。华为心声社区发布的《我们·华为人》网帖截图在网络上广为流传。这篇网帖中，华为员工纷纷表示，要为公司战斗到底，为国家创造价值；员工家属表示要做坚强的后盾，哪怕不拿工资也要让自己的儿子、丈夫和爸爸坚持到底。一时间，家国之情，尽系于华为。

此时，任正非将如何面对？2019年1月17日，任正非接受中央电视台记者专访时表示，自己不担心女儿，更不担心华为公司。

不仅面对国内媒体如此，2019年3月任正非接受美国有线电视新闻网采访时也表示：我今天最兴奋的是美国对我们的打压。因为华为公司经历了30多年，我们这支队伍正在惰怠、衰落中，很多中级、高级干部有了钱，就不愿意努力奋斗了。美国的举措让华为人重燃斗志、众志成城。希望不要引导我们的员工以一种狭隘的民族心理反美，也不要因为民粹主义思想导致最终落后。我们向美国学习先进开放，那么我们将来有一天就会先成为发达公司。

黑云压城之际，任正非为何能够仍保持如此淡定乐观的心态？2014年11月6日，他在华为公司四季度区域总裁会议上的发言，或许可以作为答案。

他在那场会议上提出，华为公司未来的胜利保障，主要有三点要素：第一，要形成一个坚强、有力的领导集团，但这个核心集团要听得进批评；第二，要有严格、有序的制度和规则，且这个制度与规则必须是进取的，以规则的确定性应对环境的不确定性，用规则约束发展的边界；第三，要拥有庞大的、勤劳勇敢的奋斗群体，且以善于学习为特征。

一、"以奋斗者为本"

华为，寓意"中华有为"。但1987年华为公司诞生时，任正非正处于人生低谷，还没有什么作为。

那时，任正非和其他五位股东都还不确定公司到底能在哪一方面有所作为，最重要的还是维持生计。于是，这群在生意场上结识的好友，又熟门熟路地做起了贸易。减肥药、火灾报警器、气浮仪……那时，还"没找到北"的华为什么赚钱就做什么买卖。但任正非总觉得，做没有专业技术支撑的买卖并非长久之计。

从技术副团级转业的任正非，曾因技术方面的突出表现受邀参加1978年全国科学大会，并一直保持对科学的信仰和对技术的追求。

当公司赚到了一点钱后，任正非就试图通过技术来拓展业务，从事与代理产品相关的工程技术咨询。或许是缘分使然，咨询业务还未铺开时，任正非就迷上了一款通信设备——电话交换机。

其实，任正非并非只是个"技术咖"，多年商海沉浮的经历，让他具备了强烈的市场意识。经过一番简单的市场调查，任正非认定电话交换机大有干头！于是，他率领团队很快与香港鸿年公司签下了 HAX 交换机的代理协议。

当时，国内市场上的电话交换机质量参差不齐，任正非认为，要在市场竞争中胜出，就必须注重代理产品的质量和售后服务。努力没有白费，华为公司的交换机生意越做越大。"以客户为中心"的理念，也逐步成为公司的核心价值观。

1989 年，华为公司实现了 1200 万元的年销售额。与此同时，员工人数也增加了一倍左右，达到了近 40 人。那年，整个通信设备行业的年产值共 1.5 亿元，是华为公司年销售额的 10 倍还多；行业净利润超过了 2000 万元，是华为公司年利润的 20 多倍。尽管所占市场份额不大，但这对于刚满两岁的华为公司来说，已是很大的进步。

小试牛刀尝到甜头的任正非没有故步自封，他敏感地意识到，只有研发出自己的交换机，才能不再受外商掣肘，赢得市场先机，但研发团队的人选是个关键问题。就在这一年，一位大学教师从湖北武汉来到了深圳，加盟华为公司。这个人就是郑宝用。

从华中科技大学硕士毕业后，郑宝用留校任教，通过自学计算机、无线电等专业，渐渐深入光电领域。"中国人要有自己研发的交换机"，抱着这个信念，郑宝用走出校门，南下深圳，并在那里遇上了任正非。在老友郭平的劝说下，郑宝用加入了成立不到两年的华为公司。他的加入让任正非如获至宝，当即任命郑宝用为总工程师。很快，华为公司成立了以郑宝用为首的科技攻关团队，夜以继日开展研发工作。不到一年，成果就摆到了任正非眼前。

1991年初，华为公司拥有了自己的生产线，公司的主营业务已不仅是销售交换机，还有组装和代加工，员工也发展到了50人。华为公司自主研发的HJD48交换机一投入市场就获得了巨大成功——1992年华为公司的销售额突破1亿元。同时，华为公司不断扩大生产和销售规模，员工人数迅速增长到了270人。

HJD48是一种用户级交换机，只有48门。如果用户申请了3个号码，就需要连接3条外线，如使用这种交换机，内线只能再接45条，即安装45部分机。这显然很难满足企业用户的实际需求，但当时国内还未成功研发更高技术的数字程控交换机。因此20世纪80年代起，外国企业一直垄断数字程控交换机的中国市场。进口外国企业生产的数字程控交换机不仅价格昂贵，还要在产品组装和技术服务上受制于人，严重阻碍了固定电话在中国的推广应用。

自主研发 HJD48 获得成功后，任正非接着将目光投向了程控交换机。但研发需要大量的资金投入，这对于当时的华为公司来说，可谓一次"倾家荡产式"的投资。除了技术研发，华为公司还要维持日常的生产和经营。随着研发投入的增大，华为公司的融资需求越来越大。

其实，在 HJD48 研发成功之前，华为公司就已身处资金困难的窘境。当时民营企业前景不明朗，很难从银行贷款。最终，别无选择的任正非果断拍板：以 24% 的年利息从民间借贷！

1992 年，华为公司研发程控交换机再次急需资金时，几位创业股东极力阻止继续研发。任正非很理解大家的想法，但是西方国家关于"中国人永远无法造出大型程控交换机"的断言，让一直心系"中华有为"的他耿耿于怀。正在此时，解放军信息工程学院院长邬江兴教授研发出了万门级 04 数字程控交换机。任正非为之振奋不已，也再次坚定了走技术路线的决心。

当时，任正非能说服众股东，还有另一个原因。1988 年，他曾通过向亲朋好友集资，以每股 1 元的价格购买了万科 20 万股股票。四年来，这笔投资已翻了数倍。虽然轻而易举地在股市赚了一笔，但任正非并没有被眼前的利益诱惑。现在产品研发急需资金，他就毫不犹豫地把这笔钱全投了进去。

除了民间借贷与这笔来自股市投资的"意外之财"外，华为公司从1990年起就号召公司员工购买股份。从1990年到2000年，从华为公司购买的股票虽不享受股票增值权，但可以分红。

20世纪90年代初，公司员工的年平均工资为1万元左右，而如购买公司股份1万股，每年享受的分红则高达7000元；90年代中后期，华为公司的股份分红更是随着业绩的增长不断翻倍。可以说，公司的业绩增长使员工乐意购买公司股份，而通过员工持股更促使其以企业合伙人的心态全身心投入工作。员工持股计划不仅缓解了华为公司的融资困难，也极大地增强了员工的归属感，提高了员工的工作积极性。

任正非创立华为公司以来，一直坚持艰苦奋斗。而从员工持股开始，艰苦奋斗的就不再只是若干创业股东，华为公司上下都成了奋斗者。任正非秉持的艰苦奋斗精神就这样影响着每个华为人。后来员工持股计划虽历经变迁，但还是以各种形式延续至今，一代代华为人也传承了"以奋斗者为本"的精神。

在此基础上，1993年初，郑宝用率领以徐文伟和王文胜为技术骨干的科研团队成功研发了JK1000局用交换机。这种交换机虽然还没达到数字控制技术，但在数字程控交换机还未普及的情况下，迅速打开了国内市场。

　　但中国经济发展的速度远超华为公司的技术发展速度，JK1000推出不到一年就折戟沉沙。随着国内市场对固定电话的需求迅速增长，国内同行推出了更先进的空分局用交换机，国外产品也很快超越了华为公司生产的局用交换机。"数字化"，成了交换机技术的大势所趋。

　　凭着与各地电信局的合作，JK1000在1993年的销量尚好，华为公司当年的销售额达到了4.1亿元。但由于仍不断加大对数字程控交换机的研发投入，华为公司一直处于财务紧张的状况，员工工资得不到保障、技术人才流失严重，又对公司经营和研发造成不利影响。

　　1993年，华为公司开始以技术入股，联合全国各地邮电部门成立合资公司。至1998年，共有27个合资公司成立。除邮电部门的资金入股外，这些合资公司的员工也可以购买华为公司的内部股份。此外，任正非再次力排众议，以33%的年利息向民间借贷5900万元。无疑，这一次任正非抱着"不成功便成仁"的决心。站在研发动员大会的讲台上，任正非平静而坚定地与台下的员工们说："如果这次研发失败了，我就从楼上跳下去，你们还可以另谋出路。"

　　最终，1994年，华为公司推出自主研发的C&C08数字程控交换机，并横扫国内市场。

二、"烧不死的鸟就是凤凰"

C&C08 数字程控交换机不仅在市场赢得了一片叫好声，也使华为公司借机得到了很大发展。研发过程中，华为公司上下同心，艰苦奋斗，发端于此时的员工持股计划也为公司全体员工达成"以奋斗者为本"的共识打下坚实基础。

成绩面前，华为公司必须继续前进。2008 年 7 月，任正非在华为公司市场部的年中大会上指出，"以客户为中心"和"以奋斗者为本"，是两个矛盾的对立体，但构成了企业的平衡。

这句充满智慧的话语，是对华为公司前进动力的最好总结。以客户为中心，就是以客户利益为中心；以奋斗者为本，就是要以奋斗者的利益为本。同时持此两者看似矛盾，但如拿捏有"度"，则能使两者相互促进，推动公司发展。

但这个"度"究竟在哪？

1992 年起，华为公司开始大规模招兵买马，这不仅是出于产品研发的需求，也是出于生产经营的需求。1995 年，华为公司的员工数已超过 1800 人。在华为公司求生存的最初这些年，每一个奋斗到底的员工都是英雄。郑宝用和他的研发团队是华为公司的技术保障。市场部作为公司主要部门，部门员工也为公司发展壮大付出良多。

1997年，任正非做市场汇报演讲时表示：没有市场部员工在云南的大山里、西北的荒漠里、大兴安岭风雪里的艰苦奋斗，没有他们远离家人，在祖国各地，在欧洲、非洲的艰苦奋斗，没有他们身处灯红酒绿的大城市、面对花花世界的诸多诱惑依然埋头苦心钻研，就不会有今天的华为。吃水不忘挖井人，我们永远不要忘记他们。没有他们"一线一线"的奋力推销，没有他们默默无闻地装机与后期维护，哪有今天华为公司赢得的大市场？

但是，任正非也总结道：随着时代发展，我们需要从"游击队"转向"正规军"，像参谋作业一样策划市场、像织布那样精密地管理市场。他们为市场方法的大转移而集体辞职，又让出了权利，开创了制度化的让贤。

任正非所说的"集体辞职"，指的就是1996年华为公司因市场调整而对市场部进行的一次大改革。

1995年前，华为公司的市场营销一直走"农村包围城市"的道路。1994年推出自主研发的C&C08数字程控交换机后，郑宝用又带领团队研发了万门机，试图用光纤传输技术将C&C08数字程控交换机与万门机连接。

那时，他们认为农村用户过于分散，这种通信场景不适合通过铺设电缆来维护，相比之下，光纤连接更有前景。如果成功，华为公司的C&C08数字程控交换机将在同类产品中凸显出巨大的竞争优势。

在经历数次实验失败后，时年24岁的华为主任工程师李一男提出"城市主体，辐射乡镇"的思路，即把交换机母机安置在县城，把运行子系统放在各乡镇，用光纤连接母机和各运行子系统。

1994年底，华为公司的万门级交换机在邳州市推广成功。从此，华为公司开始大规模进入城市市场。1995年底，任正非向分管市场部的公司副总经理孙亚芳提出，在公司进入城市市场后，一些干部思想观念落后、工作能力跟不上，严重阻碍了公司发展，必须通过竞争淘汰。

对此，孙亚芳提出了一个别出心裁的办法——与市场部所有高管一起集体辞职，让公司对他们重新考核、择优录用。

任正非对此大加赞赏。1996年1月28日，在孙亚芳的带领下，市场部各部门主管向公司递交了辞职报告。同时，在自愿的前提下，辞职人还可以再提交一份述职报告，接受公司考核，重新竞聘上岗。

最终，在这场堪称"大换血"的人事调整中，30%的部门主管被替换，让华为公司的人才队伍保持活力与朝气，大大提高了华为公司的竞争力。

1995年，华为公司实现了年销售额15亿元，超过了13亿元的行业均值；净利润也达到了1.8亿元，与2亿元的行业均值相距不远。至此，华为公司终于走出了资金短缺的困境。1996年和1997年，华为公司的年销售额分别达到了26亿元、41亿元。

此时，以"大换血"的手段裁掉为公司立下汗马功劳的员工，除了让人感慨"资本无情"，也让任正非受到了"卸磨杀驴"的指责。

但任正非没有争辩。1996年起，任正非受当年颁布的《香港基本法》的启发，组织专家为公司起草《华为基本法》，历时三年终于完成。此举展现了任正非对华为公司进行规范化管理的决心。他从公司可持续发展的角度出发，从未放纵个人的权力欲望在企业管理中行使过任何所谓"生杀大权"。

《华为基本法》中明确："劳动、知识、企业家和资本创造了公司的全部价值。"每一个华为人都能在公司找到自己的价值，以《华为基本法》为代表的华为文化不断激励着每个华为奋斗者，让他们保持"勤劳、勇敢，善于学习"的品质。

而在这次市场部的"卸磨杀驴"中，许多高管经历了一番历练，脱胎换骨，在之后的职业生涯中取得了更大进步。譬如后来被华为人称作"毛凤凰"的毛生江。作为华为开发C&C08数字程控交换机时期的"功臣良将"，毛生江从研发部调至销售部，一切必须从零开始。而当他在新岗位上刚取得一些成绩时，又被分配到市场部从头再来。最终，在市场部总裁的位置上，他干出了不错的成绩。如果未经历这番历练，毛生江何以能在后来出任华为国际营销部副总裁、华为高级副总裁？

这次大刀阔斧的改革中，我们也看到了任正非管理智慧的另一面。那就是，不管出于何种考虑，任正非借机消除了华为公司内部"立山头"、搞分裂的隐患。由于任正非痴迷于毛泽东思想，熟读《毛泽东选集》，华为公司的发展很大程度上受到毛泽东思想，特别是其军事思想的影响。在任正非对华为公司32年的管理中，尤其是后期，他最关注的就是"堡垒的内部"，十分强调企业内部建设。

对于那些曾为华为公司奋斗过的英雄，任正非在1997年的一次汇报演讲中说：他们的精神将永远记载在我们的发展史上。他们经历了多年考验的高尚品格难能可贵，是可培养的最好基才。人的才华的外部培养相对而言是比较快的，人的德的内部修炼是十分艰难的，他们是我们事业的宝贵财富、中坚力量，各级干部要多培养、帮助他们，提供更多机会。在这个大发展的时代，我们多么缺乏一群像他们那样久经考验的干部。

"烧不死的鸟就是凤凰"。有些火烧得短一些，有些火烧得长一些；有些是"文火"，有些是"旺火"。它是华为人面对困难和挫折的价值观，也是华为公司挑选干部的价值标准。

三、"世界上最难的改革是革自己的命"

市场部对于华为公司的重要性不言而喻。任正非选择在这个公司发展的关键时期整顿市场部，可以说既要有气魄，又要有领导智慧。如果处置不当，极可能导致市场部管理层集体辞职，甚至倒戈。如果选在公司业绩不景气时调整人事，除了将打压士气、自乱阵脚，递交辞职报告与主管会不会同时提交述职报告、重新竞聘上岗，也将是一个问号。

华为公司对市场部的改革也预示着公司的研发暂时趋于稳定，公司的战略重心开始从研发部转向市场部。随着华为公司市场业绩的节节攀升，针对市场部的改革远未结束。人事调整只是第一步，还有更令人头疼的也是最核心的问题：如何进行更合理、更科学的利益分配？

接下来的改革首先指向了与市场部联系紧密的销售人员。

GSM是全球移动通信系统的英文简写。GSM电话与"大哥大"的区别在于使用时需要插入用户识别卡（SIM），这就是我们熟悉的2G手机。

2G的商用在国内起步较晚，因此一些大城市的移动通信市场多被外商垄断，其中最有名的是摩托罗拉和爱立信。

虽然华为公司的GSM产品一经推出就导致进口产品的价格大幅下跌，但由于移动通信领域"圈地为王"的行业特点，华为公司迟迟难以进入城市市场。

华为人没有气馁，1997年在上海推广GSM业务受阻后，华为人一边坚持研发和业务推广，一边把当下的战略重心转移到了边远农村、乡镇，并很快打开了局面。

就在华为公司同时向农村和城市"出牌"时，长期存在于华为公司销售部的一个问题更明显地显露了出来。

1997年初，在针对同一款产品的业绩考核中，来自新疆乌鲁木齐办事处和上海办事处的两名销售人员的薪酬差高达20万元。在两地业务难度不同的前提下，仅以销售业绩作为主要考核依据，往往使销售人员的积极性大受打击。

其实，这一问题已存在多年。之前由于华为公司的业务主要集中在农村，不同地区销售人员的薪酬差距不大，且当时公司的战略重心全部压在产品研发上，类似问题尚未得到重视。现在，华为公司的管理层不得不正视这一问题，并须尽快出台切实举措，彻底改革这种不公平的薪酬制度。

1998年，任正非在向中国电信调研团汇报以及在联通总部与处以上干部座谈会上发言时，援引《华为基本法》谈了华为的7条核心价值观，其中第五条就关于"利益"：华为主张在顾客、员工与合作者之间结成利益共同体，努力探索按生产要素分配的内部动力机制。我们"决不让雷锋吃亏"，奉献者定当得到合理的回报。

任正非对"利益"分配问题的重视，由此可见一斑。但他不是用"空头支票"笼络人心的权谋家，作为实事求是、脚踏实地的企业家，他坚持将想法付诸行动。

于是，任正非授权分管人力资源的华为副总裁张建国改革公司薪酬制度，以优化员工利益分配，践行"决不让雷锋吃亏"的核心价值观。

张建国，1990年加入华为公司，也是1996年华为公司市场部改革之火中的一只"烧不死的鸟"。1996年后，他转型出任华为公司副总裁，分管人力资源工作。这一转变成就了张建国，此后他逐渐成长为一名优秀的人力资源专家。2000年离开华为公司后，张建国曾分别担任过两家人力资源公司的董事长和总经理。2004年，他出任中华英才网总裁，之后又于2009年创办人瑞教育，2012年出任人瑞集团总裁。

接到任务后，张建国立即成立了由公司高管组成的工资改革小组。多次会议讨论中，组员们提出了多种薪酬设计方案，但在多轮激烈讨论中，却没有一个能够通过。由此可见，这场薪酬改革已触及员工的最核心利益，其推进难度可想而知。

但任正非推进华为公司管理规范化的决心异常坚定，他认为，如果这次直面利益的重新分配能够成功，势必对以后的改革大有促进，但他也承认"世界上最难的改革是革自己的命"。

1992年从福建办事处主任干到公司副总裁，已身经百战的张建国这次却面临无法交差的窘迫局面。既然谁也不愿意对自己开刀，华为公司决定，聘请专业咨询公司对自己下手。

这显然不是来自工资改革小组的提议，而是任正非的决定。总之，最后通过公开招标，华为公司请来了合益集团操刀。很快，合益集团的专业性让张建国看到了差距，这大概也是促使他后来远赴美国进修人力资源管理的原因之一。

通过对华为公司现行制度和人力资源现状的深入分析，合益集团提出了实施职能工资制的建议。职能工资制最早于1985年在日本得到推广应用，是当时较为先进的人力资源管理制度。该工资制要求基于任职能力计算员工薪酬，是一种任职资格评价体系。也就是说，任职者获得多少报酬取决于任职岗位的难度，包括在工作中所需的知识、技能、经验和标准化要求等。这套体系的目的是通过提升员工的工作能力，不断提升企业的竞争力。

在合益集团帮助华为公司建立职能工资制的过程中，任正非始终高度配合且态度积极。薪酬体制改革不仅在华为公司的销售部、市场部进行，还扩大推向到了整个华为公司。

在一次合益集团的任职资格考核中，一位韦女士对任正非进行考核。

任正非十分谦虚。他坦诚地对韦女士说："难得有机会接受一位国际考官的测试，希望我今天能及格，做一个好学生。"

韦女士不由得笑了。她对任正非说："小组讨论前，请您先针对刚才所讲的发展重点，用量化的指标确定度量标准。譬如在技术创新方面，作为总裁，您如何发现员工中技术最强的尖子人物？"

任正非打了一个比方："狼是很厉害的，它拥有敏锐的嗅觉，具有很强的进攻性，而且不单独出击，采取群体作战的方式，前仆后继、不怕牺牲。这三大精神构成了华为公司在技术研究上领先的机制，我们按这个原则来建立组织。因此，即使暂时没有狼，也会培养出狼或吸引狼的加入。也就是说，事先不知道谁是狼，也不可能知道谁是狼，但有了这个机制，好狼会主动来找我，有了一只好狼，就会有一群好的小狼。"

韦女士说："我们今天也是来找您的狼。"

任正非和她都会心地笑起来。

四、"削足适履"

时至今日，"狼性"已几乎成了华为公司企业文化的标签。通过引进职能工资制，华为公司建立起了一套科学的人力资源管理制度。员工薪酬不再取决于任职资历、年龄，甚至不取决于任职者的受教育程度，只取决于岗位本身对任职者的要求。

这一制度的实施完全契合了华为公司秉承的"以奋斗者为本"的核心价值观，可以视作任正非将华为公司的核心价值进一步制度化的举措。这既规范了公司管理，又激励了员工的工作积极性，大大提高了华为公司的竞争力。

相较于薪酬，职位晋升对员工的激励作用更大。因为职位晋升通常意味着薪酬等级的提高，即便薪酬等级暂时不变，职位晋升也是公司对员工能力的认可，是对员工的一种重要的精神激励。

1997年，华为公司已有员工5600人。根据贡献大小和高层任命的提拔方式，已很难适用。

任正非认为，公司过去的提拔方式常常是"乔太守乱点鸳鸯谱"，出于对公司长远发展的考虑，他决定对员工晋升进行规范化管理。这次，他选择先对行政管理领域"开刀"。因为在他看来，"秘书体系是信息桥"，大企业要提高工作效率必须先改进、建立高效率的秘书体系。

1998年，华为公司引进英国国家职业考核体系，启动了针对公司行政管理的改革。而后，不断深入的改革逐渐触及普通员工的利益，由于涉及人数越来越多，遇到的情况日趋复杂，常出现新制度出台后却难以执行的现象。

对此，任正非反复强调，一定要把任职资格的工作进行到底。"先推行，后'平冤'，再优化"，在3—5年内形成具有自身特点的合理制度。

先推行，后"平冤"，再优化。这九字推行法，体现了任正非坚持改革的决心和适时机变的智慧。后来，这也成了华为公司走国际化道路，不断规范内部制度所始终坚持的重要原则，并创造出了升级版——先僵化，后优化，再固化。

在与合益集团一名高级顾问的谈话中，任正非坦言：我们现在向贵公司买了一双"美国鞋"，但很可能穿不进去。为了改进管理、学习先进经验，我们决定"削足适履"，就是先僵化，后优化，再固化。我们有很大的决心向西方学习。在华为公司，你们通过调查会感受到，我们的很多方面不是在创新，而是在规范，这就是我们向西方学习得很痛苦的过程。就像一个孩子，小时候为生存而劳碌，压弯了腰，长大后想纠正身姿就非常困难。因此，在学习过程中，要克服爱幻想的陋习，否则就无法真正学习到管理的真谛。

为此，任正非要求华为人全面、充分地理解合益集团的薪酬制度，而不是简单、机械地引进片面的、支离破碎的东西，这为后续创新做好了充足的准备。正如他所言，"当我们的人力资源管理系统规范了、公司成熟稳定后，我们就会打破合益公司的体系，进行创新"。

乐于创新的华为人，并没有让创新来得太迟。事实上，在推行英国职业考核体系过程中，任正非就开始了相关尝试。

英国职业考核体系首先界定秘书工作的专业技能要求，如秘书会议组织能力、办公信息管理能力等。从业者可据此反观自身是否满足相应职位的工作要求，如不满足，该体系就会提示考核对象需进行哪些培训。随着自身绩效的不断提升，从业者可对标更高的职位，以此完成晋升或继续参加培训。这大大提高了华为公司中秘书的工作效率。

但任正非认为，这一管理体系与华为公司的"水土"格格不入。在华为公司的秘书系统中，许多就业者在大学毕业时没有很好的职业规划，大多属于"先择业，再就业"，导致有的人并不一定适合在行政管理体系中发展。根据这一实际情况，任正非建议将英国职业考核体系和职能工资制相结合。

这样一来，从事行政管理工作的人员除了可根据秘书的工作标准衡量自身工作绩效，也可根据职能工资制中有关任职资格的考核，选择更适合自己的其他工作；同样，其他部门的员工也可以转到秘书岗。

以此为背景，华为公司开始针对若干岗位实行轮岗制和末位淘汰制。前者有利于培养优秀员工和优秀的管理人员，并优化员工的职业规划；后者则有利于使员工时刻心存危机感，从而时刻保持工作积极性。

自1995年起，经过数年的整改和提升，华为公司初步形成了规范的企业管理制度，包括职能工资制、英国国家职业资格考核体系及与此配套的培训制度、轮岗制和淘汰制，公司竞争力显著增强。1995—1998年，华为公司的年销售额迅速增长，1998年达89亿元，比上年增长117.07%。

但华为公司管理改革的脚步并未就此止步。《华为基本法》的第一条就阐明，华为公司的追求是在电子信息领域实现顾客的梦想，并依靠点点滴滴、锲而不舍的艰苦追求，成为世界级领先企业。

任正非认为，经过这些年的发展，华为公司上下已经有了建立国际化企业的思想准备和组织准备，但是管理方法仍是短板。

1998年8月，任正非宣布华为公司与IBM合作，开展"信息技术战略和规划"项目，该项目将进一步改革企业管理模式，推动华为公司向世界级企业转型。

根据IBM的报价，华为公司将在未来5年支付高达20亿元的管理咨询费。这是华为公司自1995年启动管理改革以来交出的最昂贵学费。但很快，不仅是任正非，整个公司管理层都觉得这钱花得很值。

合作启动2个月内，IBM就向华为公司提交了"诊断书"，列举了华为公司在管理中存在的十大问题，包括客户需求导向不足、部门合作缺少制度化流程等，甚至尖锐地直指华为整体专业技能不足、项目管理混乱。

要知道，这已不是华为公司第一次审视自身存在的管理问题。在经历了数轮"刀刃向内"的整改后，怎么还存在如此严重的问题？是夸大其词还是确有其事？会场一时议论纷纷，任正非也深受触动，感慨"这次请IBM当老师请对了"。据说，这场本应是IT部门经理出席的会议，才开到一半，任正非就喊来了其他部门的50多名干部一同参会。

为对症下药，华为公司必须在接下来的5年里，按照IBM顾问的要求逐步建立若干管理体系，实现集成产品开发（IPD）、集成供应链（ISC）、IT系统和财务项目的"四个统一"。此后，华为公司又聘请了IBM和普华永道帮助量身定制了集成财经服务体系（IFS）。

1999年4月17日，在产品集成开发（IPD）项目动员大会上，任正非说：我们有幸能找到一个很好的老师，这就是IBM。华为公司的最低纲领应该是活下去，最高纲领则是超过IBM。那些长期理解不了改革意义的人，不能理解IBM的IPD改革的内涵的人就请他出去。我们这个小组不是终身制，我想能不能一个月清理一次名单，一个月发一次任命……

后来，在一次回答员工提问中，任正非又说："在向IBM学习的过程中，有部分人一开始就批判IBM，我把他们全赶走了。我们需要的是好好学习，学明白了再提意见。一知半解就提意见是浮躁的。"

正是任正非的坚定、执着与谦逊，才使华为公司的企业改革得以顺利推进，让华为公司一步步成长壮大，成了具有世界影响力的国际企业。

五、谁是接班人

2003年之前，华为公司的领导权主要掌握在任正非一个人手里。尽管公司的发展高歌猛进，但任正非认为，将公司未来的命运系于一人，存在很大风险。他希望华为公司未来的领导权不再系于一人，而属于一个领导集体。因此，任正非一直十分留心地将"狼群"的集体作战精神注入华为公司的企业文化，并努力在公司各个层面建立集体性的工作制度。

他在2011年圣诞节发表的《一江春水向东流》一文中谈到：

> 我大学没入团，当兵多年没入党，常常处在人生逆境中。当我明白"团结就是力量"这句话的政治内涵时，已过了不惑之年……后来我明白了，一个人不管如何努力，永远也难以独自赶上时代的步伐，更何况身处一个知识爆炸的时代。只有组织起数十人、数百人、数千人一同奋斗，你站在团队奋斗的基础上，才够得到时代的脚。

2003年，华为公司以规范组织结构为目标，开始了与美世咨询公司的合作。那年，华为公司的年销售额达317亿元，拥有员工2.2万名。美世咨询的顾问十分惊讶于"这样大规模的企业居然没有中枢机构"。

这是因为此前公司的高管任命、对外经营等基本上都是任正非说了算。这意味着，任正非要规范组织结构、建立集体式领导，势必将减少自己手中的权力。

随后，美世咨询顾问提出成立企业经营管理团队（EMT），团队成员由公司高管组成，任正非任EMT主席。

在当时，这个团队就是华为公司的最高"中枢"，EMT主席相当于首席运营官（COO），承担华为公司对外经营的责任。但早被华为人视为"精神领袖"的任正非，拒绝了由他一人出任EMT主席的提议。一方面，任正非有意减少自己的权力，培养公司接班人；另一方面，华为公司此时正走向国际化，任正非想把所有精力投入于此。于是，任正非提出了轮值主席制，由孙亚芳、徐直军、郭平、徐文伟、费敏、郭亚、洪天峰和纪平共8人每人担任6个月EMT主席。

就像之前融合职能工资制和英国职业考核体系、打造员工晋升的双通道一样，任正非此番创新的EMT轮值主席制再次展现了他过人的管理智慧。

1998年，任正非曾在一次内部管理会议上说，华为公司是否会垮掉，完全取决于企业自身，取决于公司管理是否与时俱进。这取决于两个问题：一是核心价值观能否让干部接受，二是能否进行自我批判。

怎样才能保持自我批判的特质且避免使其流于形式？在经过了数年的实践与思考后，任正非给出了答案——不集权于一身，实行内部决策民主制。但显然，任正非也深知推行集体领导制最关键的是保持团结，而只有领导集体能秉持公司的核心价值观，华为才能保持团结。

2011年，华为公司又将集体领导制度往前推进了一步，开始推行轮值CEO制度。2017年后，德邦物流、阿里大文娱和京东3家企业也先后宣布实行轮值CEO制度，希望通过学习华为公司首创的管理模式改革高层管理，注入发展新活力。

而华为公司的高层改革还在继续。自2018年起，华为公司实行轮值董事长制度，并规定轮值董事长是其当值期间的公司最高领导人，但此举并不影响现任董事长梁华的职务。也就是说，新制度施行后，华为将同时拥有两位董事长，梁华是形式上的董事长，而轮值董事长掌握处理日常工作的最高权力。

华为轮值董事长轮值期

轮值时间	轮值董事长
2018年4月1日—2018年9月30日	徐直军
2018年10月1日—2019年3月31日	郭 平
2019年4月1日—2019年9月30日	胡厚崑
2019年10月1日—2020年3月31日	徐直军
2020年4月1日—2020年9月30日	郭 平
2020年10月1日—2021年3月31日	胡厚崑
2021年4月1日—2021年9月30日	徐直军
2021年10月1日—2022年3月31日	郭 平
2022年4月1日—2022年9月30日	胡厚崑

综上所述，华为公司对员工管理、企业制度、组织结构的不断改进，都是建立在秉持自身企业文化的核心价值基础上的。而其中最重要的一条就是"以客户为中心，以奋斗者为本"。在任正非看来，这是华为公司保持可持续发展的动力所在。只有始终坚持企业的核心价值，华为公司才能炼就企业核聚力。企业管理改革只有以此为基础，才能不断深化、推进，不断提升企业竞争力。

第四章

为5G而战

史蒂夫·班农，曾任美国总统首席战略专家和高级顾问。《时代》周刊称其为"伟大的操弄者"，《纽约时报》的一篇社论更直呼其为"班农总统"。特朗普就任美国总统后搅动世界的一系列政策背后都有他的影子，如促使特朗普提名保守派联邦法官戈萨奇出任联邦最高法院大法官，而"Driving Huawei out of the United States and Europe is '10 times more important' than a trade deal with China"（"将华为公司赶出美国和欧洲市场比与中国达成贸易协议'重要10倍'"）则是其2019年5月22日在《南华早报》上的最新言论。

　　史蒂夫·班农为何针对华为公司发出这样不友好的声音？这还需从5G说起。

一、竞争的焦点

　　5G，即第五代移动通信技术。专家认为，5G是一场革命，它所产生的影响力将会超过电力给人类社会带来的改变。2019 年 1 月 23 日《纽约时报》称，美国政府将中美对 5G "控制权" 的竞争定义为新的 "军备竞赛"，认为谁控制了 5G，谁就能在经济、军事和情报等多方面领先他人。

从技术上看，5G 有三大特性：一是超大带宽（eMBB），二是超低时延(uRLLC)，三是超密连接（mMTC）。从消费者的角度看，5G 会带来三大好处：即高速率、低时延、大连接。这三大性能可以突破现有网络容量的 "瓶颈"，有利于各行各业新业务的培育，并给人们的生活带来新的便利。

先看高速率。5G 的理论网速可达 10Gbps，是 4G 网速的 100 倍以上。通过 5G 网络，下载一部 1G 大小的 4K 高清电影仅需 3 秒；下载网络歌曲，点击鼠标即刻完成。那时，在云上直接观看电影与下载存储后观看的速度大致相当，很多应用的下载速度将比解压的速度还要快。

再谈低时延。5G 的时延缩短到了 1 毫秒，比 4G 的时延整整缩短了 30 倍。这是什么概念？开车时，司机从发现危险到脚踩刹车，大脑所需的反应时间约为 10 — 50 毫秒。5G 的低时延可为实现自动驾驶提供技术保障，也使身处不同地区的音乐家同时演奏同一首曲子等应用成为可能。

在大连接方面，5G 网络可以实现每平方千米接入 100 万台设备，这是4G网络的100倍。现在，当我们在挤地铁、逛商场、看比赛时，如果某一区域内的手机过多，所有人同时刷手机上网会存在网络连不上或是连上了却发不了"朋友圈"等问题。迈入5G时代，一堆人"抢网速"的不快将成为过去。

5G还具有两大特有能力——网络切片和边缘计算。如果把网络比作交通系统，那么用户就是车辆，网络就是道路。随着车辆增多，道路也渐渐变得拥挤不堪。为了缓解拥堵，交通部门会根据车辆类型和运营方式进行分流管理，如设置快速公交通道、非机动车道等。网络分流管理也是如此。

网络切片是对网络进行分流管理的新技术。从人与人之间的移动互联到万物互联，网络变得越来越复杂。管理者可根据不同的服务需求，如时延、带宽、安全性和可靠性等，将运营商的物理网络划分为多个虚拟网络，以灵活应对不同的网络应用场景。网络切片技术也是5G网络最鲜明的特征和优点之一。

边缘计算是一种分布式计算。步入5G时代，设备数量会大量增加，网络边缘侧会产生庞大的数据量。如果这些数据都由核心管理平台来处理，那么在敏捷性、实时性、安全性等方面都会不尽如人意；如采用边缘计算，则可以就近处理海量数据，实现大量设备的高效协同运作，确保数据处理的敏捷、实时、安全。

由此可见，5G网络的三大特性可以满足流量市场规模和范围的不断扩大及行业对低时延的刚性要求，进而开发出更多新应用和业务；两大特有能力则可以降低网络成本，实现高效运营，培育新的商业模式。

当然，5G带给我们的不仅是网络的变化，还有截然不同的生活方式。回顾通信发展的历程，1G时代，人们只能听声音；2G时代，可以看短信、彩信和简单上网；3G时代，可以无障碍地看图片，且基本体验大部分网络功能；4G时代，可以做直播、看视频。5G时代的网络将全面构筑经济社会发展的关键信息基础设施，驱动传统领域数字化、网络化和智能化升级，带来生产方式、生活方式的更大、更深远的变革。无论是行业、IT技术，还是终端，拥抱5G后就会发生很多"化学反应"，如云计算、大数据、物联网等IT技术的进步，5G无人机、5G机器人等新终端的横空出世，以及自动驾驶、VR、远程医疗等为人类生产、生活带来更多便利的深度应用。这些都将有力提升各行各业的信息化水平，推动传统行业的转型升级。

拥有了先进的5G技术，就意味着拥有了智能世界的"入场券"。如今，世界各国已把5G作为竞争的焦点，倾尽全力提前布局，希望能挤上5G这趟快车。中国在3G时代的发展，比发达国家晚了整整8年，处于全球较落后的方阵；4G时代，中国有了自己定义的标准，建成了全球规模最大、覆盖面最广的4G网络，跻身第二方阵。而即将来临的5G时代，随着运营商、设备商、终端厂家的共同努力，中国已进入第一方阵。2019年6月6日，国家工信部正式向中国电信、中国移动、中国联通、中国广电发放5G商用牌照，标志着中国已正式进入5G商用元年。美国无线通信和互联网协会（CTIA）4月2日发布的《全球5G竞争》报告称，在引进新一代通信标准5G的竞争方面，美国与中国并列第一。在各国"5G应对水平"的排名中，中美并列第一，但中国的基站数量占全球的60%以上，是美国的14倍。根据2017年6月中国信息通信研究院与全球移动通信系统协会共同发布的研究报告，2025年中国5G连接数将超过4亿个，比2020年增长100倍。放眼全球，在5G专利方面，中国企业占有一定优势，其中华为公司占比17%，全球排名第一。5G设备供应商中，中国的华为、中兴占据全球市场的半壁江山，大唐也有迎头赶上之势。毋庸置疑，中国已实现了从3G跟随到4G并跑，再到5G引领的快道超车，并承担起5G产业孵化的大国责任。

科技进步和创新是增强综合国力的决定性因素，是推动经济持续、快速、健康发展的强大动力。过去一年多来，特朗普多次表态，要求"美国一定要赢得5G""我们不能允许其他国家在这个未来的强大产业上超越美国""美国甚至希望赢得6G"。在此背景下，正常的5G竞赛被美国升级为"国家安全"事件。2019年5

月，德国伯恩大学发布的报告《5G的地缘政治与全球竞赛》指出，5G已经成为中美两个大国地缘政治斗争的关键焦点。

二、不同的"5G路"

2017年1月24日，刚刚就任总统四天，特朗普就提名资深共和党人阿基特·帕伊出任美国联邦通信委员会（FCC）主席。此后，通过FCC投票，奥巴马政府在2015年建立的《网络中立法案》被终止，为后续实施特朗普政府的5G战略打下基础。2018年9月28日，FCC"5G快速计划"（5G FAST PLAN）正式出台。这一旨在"促进美国在5G技术上获得优势"的综合战略，通过释放更多的频谱、促进无线基础设施建设、推动运营商合并等一系列举措，鼓励私营部门和电信运营商投资建设5G网络，并鼓励运营商投资下一代网络和服务。同时，美国还将启动史上规模最大的频谱拍卖行动，涉及37GHz、39GHz和47GHz频段的3400M频谱资源，并计划成立一个资金规模达204亿美元的"乡村数字机遇基金"，用于支持未来10年的乡村宽带网络发展，推动高速宽带网络进入约400万个美国乡村家庭。

由于5G对整个通信行业乃至社会的发展至关重要，中美两国均对此高度重视。但因两国相应的基础不同、发展环境各异，最终在发展5G的道路上各寻捷径。接下来我们从多个维度分析两国的具体差异：

第一，中美两国的5G频谱获取政策不同。

在中国，频谱资源由政府分配给运营商；在美国，频谱资源则需要运营商通过拍卖获取。因此，美国运营商要提供5G服务，首先必须花费数十亿美元甚至数百亿美元购买频谱。这一巨大成本增大了运营商建设网络和推行普遍服务的难度，提高了用户的5G使用成本，从而影响了5G的商用推广。

更重要的是，全球（包括中国和欧盟在内）普遍以Sub-6为发展5G的黄金频段，只有美国聚焦于覆盖范围更小、建网密度更大、产业目前还不够成熟的毫米波频段。其原因在于，美国的Sub-6频段已被政府和军方占用，无法为5G商用所用。虽然美国国防部已计划清退中低频段，但这一工作预计需要3—5年才能完成。

相较于中国，美国发展5G的建设成本更高、技术挑战更大，网络的规划、建设与维护也更为复杂艰难。反观中国，不但已优先通过Sub-6频段启动5G发展，更在近期走出了一招极具战略意义的妙棋：为广电发放5G牌照，从而将700M频段纳入5G发展的频谱资源池。这意味着未来中国将可以通过700M频段来低成本地完成5G广覆盖，再通过中高频段来实现热点地区的深度覆盖，从而更好地兼顾成本控制和用户体验。

第二，中美两国的5G通信基础设施差距巨大。

在中国，国有企业特别是中国的运营商建网承担了社会责任，譬如向边远地区提供普遍通信服务，实现"村村通"。而美国的运营商均为以盈利为目的的私有企业，缺乏向社会公众提供普遍服务的责任感与积极性，因此其通信基础设施的建设落后于中国。据工信部数据，截至2018年年底，中国4G基站总数为372万个，超过全球其他所有国家的总和。而在美国，这一数字不足30万，还不到中国的1/10。5G的建设需要在原有的网络设备基础上，增加5G的射频模块和天线。由于5G是高频段通信，单个站点覆盖的范围比4G要小，因此需要建设更多站点，这对原有基础设施的改造提出了更高要求。在5G时期，中美两国的通信基础设施的差距仍将继续存在，甚至扩大。同时铁塔公司通过统谈、统签、统建的模式，实现了运营商平等接入、共建共享，最终构建起了一个技术多样、主体多元、模式创新的通信基础设施供给格局，进一步加快了中国5G的建网速度，且降低了建网成本。

在美国，FCC则希望通过"乡村数字机遇基金"来提升运营商建网的积极性，并出台了相关政策推进基站建设。但是，向偏远地区提供普遍服务是一项极其艰巨、复杂的系统工程，需要多个行业共同推进，且短时间内无法完成。更何况美国以土地私有制为主，工程实施的难度更大。值得一提的是，此前很多美国农村地区的小运营商都曾大量采用华为公司的设备来部署网络，在美国将华为公司列入管制"实体清单"后，这些小运营商的业务受到了巨大冲击。

基于以上种种因素，美国运营商的通信基础设施建设推进，无论是复杂度、成本还是周期，与中国相比，都处于明显劣势。

第三，中美两国的5G产业生态各有优势。

驱动一个产业发展的动力是用户、市场、需求和生态。5G的核心价值，在于其与人工智能结合后，对军事、工业、医疗、教育、智慧城市等产业的升级转型产生的积极促进作用。这意味着任何一个国家的5G发展都不会是孤立的，而且将与国家的物流、资金流、信息流乃至各个产业深度融合，协同发展。

美国传统制造行业的数字生态水平领先，在工业智能传感、智能数据分析和决策、工业自动化程度等方面优势明显。2008年以来，美国出台一系列战略规划，积极推动制造业回流，确保美国在各尖端技术领域的领先地位。此外，通过多种财政支持的举措，积极发展先进制造业并推动传统产业转型。一是财政资金的直接支持。如美国Solar City公司不仅获得了财政部直接拨款4.975亿美元资助，还享有不少政策福利，如其太阳能电池板工厂年租金仅为1美元，且未来10年无须缴纳高达2.6亿美元的地产税。二是重点项目的资金支持。如美国实施"学徒计划"，即每财年政府投入6亿美元用于培训制造业学徒。特朗普执政时期，特朗普政府的财政投入策略有所改变，降低了政府财政投入比例，转而向私营企业寻求更多资金支持。三是信贷资金支持。如在21世纪的国际金融危机期间，美国推出"汽车产业资助计划"，投入超过800亿美元。四是税收减免政策。

中国拥有全球最大的产业集群和内需消费市场，并已成为全球科技产品和服务重要的基础和土壤。"中国制造2025"规划，借鉴了德国工业4.0和美国工业互联网的思路，同时基于中国制造业的现状，提出了"1+X"规划体系，对智能制造提出了"网络化、数字化、智能化"的发展路径。根据相关研究中心的数据分析结果，中国在消费端侧（衣食住行等）的数字化程度为全球领先。以物流行业为例，中国的EMS、顺丰、"四通一达"（申通快递、圆通快递、中通快递、百世汇通、韵达快递五家民营快递公司的合称）、京东物流等平台，已建立起一个年包裹投递量达490亿件，甚至能实现"晚上下单早上送达"的超级物流体系；滴滴、美团、摩拜等O2O平台也在各个垂直领域建立起了较为完善的线下服务生态。

此外，中国5G标准专利也占据了相对领先的地位。根据

IPlytics分析统计，截至2019年4月，中国企业已申请到的全球主要5G标准专利数量占比为34%，远高于韩国的25%，以及美国和芬兰的各14%。更重要的是，包括系统、芯片、设备、终端、测试在内的产业链所有主要环节，中国公司都参与其中，并已达到商用水平。目前，全球能够提供完整的端到端的5G解决方案的设备商，只有两家中国公司——华为和中兴。

在5G终端方面，除了华为与中兴两家公司外，OPPO、vivo、联想、小米等中国厂商都已正式发布并向运营商交付首款5G商用手机。

由此可见，美国在产业链上游领域和传统制造行业的生态上拥有一定基础，而中国在市场环境、标准专利、终端制造等领域也具备了自身优势。5G时代中，每一个综合因素都是影响产业发展推进的变量，意欲在5G竞争中拔得头筹的美国，在与中国的综合对比中并不全面占优。面对中国5G发展的蓬勃之势，不甘落于人后的美国势必会竭尽全力，全面施压。

三、领先就要"挨打"

华为公司已登上了世界舞台。在发家的传统业务领域——运营商业务，华为公司一直保持稳健经营。消费者业务则从2011年开始快速发展，逐步实现了里程碑式的历史超越，华为手机的发货量已经突破2亿台，并在2018年第二季度和第三季度超越了苹果，全球市场份额达到14.6%。2018年，华为公司的销售收入已逾千亿美元。如今，其电信网络设备、IT设备以及智能终端等已应用于全球170多个国家和地区。为保持且扩大这份优势，每年，华为公司将销售收入的10%以上投入研发，在全球18个国家和地区建起了14个研究所和实验室；18.8万华为人中，有超过45%的员工，即近8万人从事创新、研究与开发工作。华为公司在其深耕的领域之内，所达到的根深叶茂的程度，几乎超出了所有人的想象。但多年来，它对外一直十分低调，很少在媒体上宣传自身取得的傲人成就。

个性内敛的华为公司将更多精力花在了与全球运营商保持紧密合作上。自2009年启动5G技术的研究与创新以来，华为公司已率先与全球50个以上的领先运营商进行5G外场测试、预商用验证和实验网建设，并联合英特尔、高通等厂家进行互联互通测试，截至2019年6月25日，已获得5G商用合同50个，合同数量居全球第一。此外，还与包括 NTT DOCOMO、SBM、VDF、DT、Telefonica、BT/EE、SKT、LGU+等在内的全球30多个主要运营商签订了"5G MoU"（"5G谅解备忘录"）。2019年以来，韩国、英国、瑞士、意大利、科威特等多国已完成5G网络商用发布，其中2/3由华为公司协助构建。如在韩国，华为与LGU+合作发布CloudVR应用，在德国合作发布5G无人机应用、5G车联网应用、5G智能制造相关应用，在挪威合作5G发布数字渔场应用，等等，这些成功经验将有力助推5G行业应用在中国的快速落地。

华为公司已在5G技术上处于绝对领先地位。用任正非的话说，华为公司起码领先世界2—3年。英国电信首席架构师 Neil McRae 在2018年11月21日举行的全球移动宽带论坛上表示："现在只有一家真正的5G供应商，那就是华为，其他供应商应该向华为学习。"我们可以毫不夸张地说，华为公司已成为当今世界信息技术领域里最前沿的企业，可与美国高通、谷歌、英特尔等公司并列为世界最领先的15家企业。

从5G的行业标准来看，华为公司的领先优势非常明显。截至2019年6月的5G标准必要专利声明量排名中，华为公司以2160个专利获得第一，比排名第二的诺基亚多出600多个。此外，华为公司还在100多家各种标准组织中担任主席等至少90个职务，其中包括3GPP SA2主席、3GPP RAN4副主席、ITU-R WP 5D WG Technology主席、WWRF主席等。另外，华为公司在R16中的影响力也进一步增强，已成为13个课题报告人，其中包括URLLC物理层增强、NR V2X等垂直行业应用课题。这使得华为公司有能力主导R16及后续标准。

当然，华为公司也从未停止对5G的生态合作探索。华为公司内设的专门从事5G产业研究的X Lab实验室，负责培育和生态链建设。目前，已联合了全球300多家行业领袖伙伴进行垂直行业探索，并牵头国内外企业成立5G智能制造联盟、5G汽车联盟、5G切片联盟等，成功实现了AR、VR、自动驾驶、远程驾驶和智能制造等应用。成绩有目共睹，华为公司成熟的5G产品解决方案，曾创下全球5G最快部署纪录——帮助韩国运营商在3个月内快速部署5500个基站，抢占市场先机，并提前孵化垂直行业业务。

此外，华为公司还储备了大量5G人才，并不断扩大人才队伍，提高人才层次。任正非提出，华为公司要开放创新，吸纳全球人才，构建"为我所知、为我所用、为我所有"的全球能力布局，即在产品、解决方案及服务技术能力上，重在"为我所用"，在关键控制点、核心技术上必须"为我所有"。通过汇集多学科的人才，华为公司构筑起了具有长远影响的技术知识体系。华为公司的科学家在5G标准技术的基础研究方面做出了突出贡献，同时在从理论到产品实现的过程中，以及在芯片的核心算法上付出了无数心血，从而使华为公司的5G产品拥有了核心竞争力。2019年初，华为公司推出了业界首款面向5G基站的天罡芯片。这款芯片拥有超高集成度和超强运算能力，较以往芯片性能增强了约2.5倍，尺寸缩小了55%，重量减轻了23%，且支持200M运营商频谱带宽，可以让大多数站点在不改造市电的前提下实现5G的商用。而这正是1000多位专家通力协作的创新成果。

在5G的发展过程中，华为公司已经占据领先位置，并紧抓标准、生态、人才这三大核心要素进一步巩固与扩大优势，而这也正是美国打击华为公司的重点。就标准而言，华为公司已经取得绝对领先；就生态而言，华为公司正参与共建全球的软硬件生态，并从未停止改善、优化的脚步；就人才而言，华为公司多年致力于全球能力布局的成效已经凸显。未来，华为公司的科研技术还将在很多领域领先世界。一旦华为公司在5G领域的综合能力处于全球领先地位，美国凭借技术称霸世界的优势将不复存在，这是美国所无法忍受的。因此，美国以"国家安全"为由向华为公司施压，实质上是一个幌子，真正目的是为保持自身在全球技术市场上的领先地位。

四、"我们已经为此做好了准备"

2019年5月，美国政府把华为公司列入其"实体清单"，不允许美国企业向华为公司提供芯片以及各种技术支持。这次，美国政府把美国司法部对华为公司的指控内容作为商务部的"行动依据"，而这些指控在2018年加拿大逮捕孟晚舟时就已提出。显而易见，美国政府迄今都未提供任何华为公司构成安全威胁的证据，美国的系列动作都是基于猜测。美国国会则通过假定华为公司有罪，未给华为公司任何辩护和提供驳斥证据的机会。

当所有人都为华为公司的未来而担忧时，华为人表现出的坚定和自信令人钦佩。任正非表示，即使高通和其他美国供应商不向华为公司出售芯片，华为也"没问题"，因为"我们已经为此做好了准备"。华为公司不会任由美国政府摆布。"我们不会像其他公司那样，在美国的要求下改变我们的管理方式，也不会接受监管"。主要生产核心处理器芯片的华为子公司海思技术有限公司也暗示，早有计划应对潜在的供应中断风险。在最近的一封公开信中，海思总裁何庭波写道："我们实际上在多年前已经预见到这一天，我们确实准备了后备计划。"

从这封信中，不难看出，对于断供的极限情况，华为公司已提前多年进行了针对性的完整布局。一些被美国芯片供应商占据市场统治地位和绝对份额的产品，如FPGA、DAC、ADC、DSP等，很多人怀疑华为公司没有应对方案。但事实上以上芯片均有国内厂家可自行设计，华为公司自身也早有准备。华为公司高管在多次讲话中，已明确把BCM（业务连续性）作为公司生死存亡的战略目标。尤其是在2018年中兴公司被制裁事件发生后，华为公司已在一年多的关键缓冲期内进一步做好了准备。华为公司自主研发的麒麟芯片、天罡芯片以及基于ARM架构的鲲鹏处理器和泰山服务器，可以保证华为公司在主流业务上，不会受到太大影响。在操作系统方面，华为的鸿蒙操作系统是安卓系统的"备胎"，已于2019年8月在广东东莞举行的华为2019年开发者大会上正式推出。这一操作系统的兼容性，可以支持各种不同的设备，包括手机、电脑、音响等，对应不同的设备可弹性部署。

除了提前做好战略规划，华为公司在服务上也已做好合规延续。美国出台的《出口管制条例》虽然限制了美国企业向华为公司提供产品和服务，但并未追溯到已销售产品。如ARM架构，华为公司已获永久授权，可在华为的自有操作系统上继续使用。

2019年5月之前华为公司购买的各种服务性产品，其所有权仍属于华为公司。华为公司已发布的手机安卓操作系统、开发芯片使用的EDA工具及员工办公用的Windows系统，同样不会受限。软件和架构授权都属于服务型产品，不存在大规模供货的问题，这意味着华为手机等产品可以继续在全球销售，而不会被当地法律禁止。

为了将主动权紧紧抓在自己手中，华为公司在硬件上已做好了切换备份的准备。华为公司从美国供应商全部切换到自研供应商和自有芯片需要有一个产品架构切换的过渡期。而在此过渡期中，备货十分关键。借助"备胎"计划，华为公司根据不同类型对重要元器件进行分级，并给予长短不一的备库存时间。根据《日本经济新闻》2019年5月17日的报道，据欧洲、亚洲等数家华为公司的供货厂商介绍，针对不可替代的美国企业生产的半导体等，华为公司已储备了6—12个月的库存。

客观而言，美国的打击将对华为公司造成一定影响。这种影响可以从短期、中期、长期三个维度进行分析。

从短期来看，华为公司可以应对自如。中兴事件和孟晚舟事件，已提前为华为公司敲响了警钟。目前，华为公司至少有可维持6—24个月生产的备货。况且，华为公司最重要的供应商——台积电并没有对华为公司断供。台积电向华为旗舰机P30系列等大量供货7nm制程芯片，如一旦停止出货，将会对华为旗舰机的生产和销售造成极大影响。相较于台积电，中国中芯国际的加工工艺仍存在一定程度的滞后，其7nm工艺正在研发中，12nm工艺开发正处于客户导入阶段，2019年可实现14nm制程量产，但赶上目前台积电的技术水平预计仍需经过数年的努力。

14nm和7nm两种工艺的区别具体体现在功耗、效能、芯片面积等方面，但用户体验并不明显。2016年10月，华为公司发布的麒麟960处理器所使用的仍是16nm工艺，搭载在Mate9和P10手机上。如果做最坏的打算，台积电停止对华为公司供货，尽管将带来不小的负面影响，但华为公司仍可依赖中芯国际的14nm制程芯片和12nm制程芯片继续生产。再加上美国政府已给出的90天缓冲期，华为公司的生产短期内将不会受到太大影响。

但我们必须承认，华为公司会遭遇一个非常艰难的中期。华为公司的布局中，优先保证核心和战略产品的供应，而在华为产品体系中占比较小的产品恐难在中美贸易摩擦中"毫发无伤"，最典型就是华为的笔记本电脑。目前，这类产品的发展势头非常好，2018年华为笔记本电脑的销量猛增400%。按照这个速度，华为公司很快会成为全球笔记本电脑的主要供应商之一，但是华为公司生产的笔记本电脑目前使用的仍是英特尔CPU和Windows操作系统。在未来一段时间内，其产销将一定程度上不可避免地受到中美贸易摩擦的负面影响。在美国政府的"极限施压"下，华为公司显露出了操作系统的研发短板。一旦主导服务器和台式机的 Windows 系统断供，此类业务将基本"休克"。而谷歌已暂停了与华为公司的合作，这意味着今后华为手机将不能使用 Google Play Store、Gmail 和 YouTube 等服务。2019年一季度，华为手机在海外市场的出货量占总出货量的约四成，如果其海外手机未来无法使用谷歌公司提供的服务，预计将对海外市场的销售造成负面影响。如果美国政府更进一步对台积电施压，当备货用完后，"接棒"的"备胎"跟不上世界水平，华为公司的日子将非常艰难。客观而言，华为公司不可能一下子掌握从系统到芯片的所有技术。尽管华为公司研发的鸿蒙系统性能比安卓系统提高60%，但是新操作系统推出后，与此直接相关的软件生态搭建和用户习惯的养成尚需时间，这也是无法回避的问题。过去，《华为基本法》明确禁止其进入信息服务业，而在瞬息万变的当下，华为公司为了生存需要突破固有框架，完成从产品思维到服务思维，再到生态思维的两连跳。

尽管前路漫漫，但从长期着眼，胜利终将属于华为公司。现在世界最先进的芯片采用7nm工艺，而中国的中芯国际已经掌握了12nm工艺。未来，中国必将集中国家力量，攻克技术难关。

2019年6月6日，工信部发放5G商用牌照，标志着中国已正式进入5G商用元年。未来3年，中国将建成3张5G网络；5年内将建设600万个5G基站。这将是世界上规模最大的5G网络，涵盖的总基站数占世界5G基站总量的一半。中国的基站建设秉持开放原则，将由爱立信、诺基亚、华为、中兴等设备商共同提供，且不排斥欧洲设备商，未因华为公司技术领先而出现垄断局面。由此，一条不由美国控制的全球供应链正在形成。芯片的背后是科学家的付出，华为公司不断集结世界上顶级的数学家、物理学家、化学家。美国可以通过行攻命运封锁芯片厂商，但封锁不了人才资源的流动。

"不经历风雨，怎能见彩虹"，美国的打压也给了华为公司之浴火重生的信念和自省提升的动力。中华民族有条发展规律：外界越封锁，发展就越快。造原子弹、氢弹和攻克航天技术的历史已经证明了这一点。尽管遭受种种限制，华为公司从未关上与国际合作的大门，只要美国愿意卖，华为公司仍会买。任正非一直想走国际化路线，即产业链分工，别人做上游，华为公司做下游。各自集中力量，深耕责任田，通过全世界分工建立细化的产业链，提供最好的产品与服务。

综上所述，华为公司一定能度过最艰苦的时期。美国对华为的"极限施压"，将会对华为公司造成一定影响，但绝不会成为致命的打击。在接受中外媒体采访时，任正非多次提及美国禁令对华为公司的影响不大，针对美国的举措，华为公司将在今年进行一些格局的调整，但2019年公司的整体营收仍会超过1000亿美元。根据已发布的华为公司2019年上半年财报，公司的销售收入已完成4013亿元人民币。

近期，任正非在接受法国媒体专访时称，针对华为公司自主研发的"鸿蒙"操作系统缺乏良好的应用程序生态系统的短板，华为公司已开始着手研发安卓和苹果应用商店的替代品。"千磨万击还坚劲，任尔东西南北风"，借科创之力，迎5G之机，铸中国之芯，华为公司必能打赢这场生死大决战！

第五章

英雄气概，家国情怀

任正非75岁了。环顾周围，我们身边75岁的老人，大多已闲居在家含饴弄孙、乐享天伦，而任正非似乎仍没有"下岗"的打算。在彭博社的记者问及将何时退休时，他笑答，还在等待谷歌发明"长生药"。任正非是个矛盾的人，既铁面无私、杀伐果断，又亲民幽默、慈爱温情。他说自己是一匹来自东方的"土狼"。凭着这种狼性，他带领华为公司逆袭成为国际电信巨头，一步步推进华为公司的国际化战略。有人评价他既有霹雳手段，又有菩萨心肠。他对员工关爱有加、对父母和子女心怀愧疚，既是叱咤风云的商界强人，又是一个有着七情六欲的普通人。任正非有"狼性"，也没少人情味。"狼性"的外表下，他也有着"人性"的温情一面。也许只有把他还原为一个普通人，从国家人、社会人、家庭人和个体人等多重角度进行观察，我们才能真正理解他的"狼性"、他的矛盾与他的选择。

一、为了祖国的利益

2018年4月9日，联合国安理会召开了有关叙利亚化学武器问题的紧急会议。叙利亚外交官巴沙尔·贾法里代表祖国与各国领事展开激烈讨论，舌战群儒，据理力争。但是他刚开始发言，英、美两国代表便起身离席。他对美国以谎言为由发动侵略战争的"檄文"，最终未能阻止4日后美英法联军对叙利亚发动空袭。当地时间4月14日，美国联合英、法两国向叙利亚首都大马士革发射了110枚导弹。仅仅一天时间，往日繁华的大马士革几乎被夷为平地，沦为人间炼狱。叙利亚，这个拥有4000年悠久文明的国家，在连年的战火中成了一片废墟。

这不仅让我们想起了百年前拒绝在《凡尔赛和约》上签字的中国外交家顾维钧，同样的屈辱、同样的无能为力。"弱国无外交"，积贫积弱的国家只能沦为大国博弈的棋子，眼睁睁地看着自己的人民和国土在战火之中备受煎熬。鸦片战争以来，中华大地上列强割据、军阀混战、民不聊生，从苦难的近代史一路走来的中国人民比谁都更能深切体会到，个体命运与国家命运息息相关，也深知和平年代的幸福生活归根结底是因为背后矗立着强大、兴盛的祖国。2016年5月，任正非在接受新华社记者采访时提到，华为公司成功基因的第一条，便是得益于国家政治大环境和深圳经济小环境的改变。他说，如果没有改革开放，就没有华为公司的发展。

任正非的这番感恩之词，并非应对媒体的外交辞令。他这样表态不仅是个性使然，也是肩负的责任与使命使然。规模再大的企业，也不可能单独存在。无论是个体还是组织，总依存于某个时代、某一国家。一个国家的政治、经济体制是企业发展的外部环境，也是企业生存和发展离不开的土壤和空气。任正非明白，对于华为公司而言，想要在长期被外国企业垄断的高科技领域闯出一片天地，拥有自己的核心技术和自主权，且想要实施国际化战略必然会与国家和民族的命运发生更深刻的羁绊。他很早就意识到，"战争是流血的政治，政治是经济的最高组织形式"，而"一切都着落在经济是否强大的基础上，未来的国际竞争主体不是政府，而是企业。企业将担负起国际竞争的重担，任重而道远"。因而，早在1997年，任正非就提出，华为公司需"以产业报国和科教兴国为己任，以公司的发展为所在社区做出贡献。为伟大祖国的繁荣昌盛、为中华民族的振兴、为自己和家人的幸福而努力"。

在中美贸易摩擦的国际背景下，华为公司和当家人任正非再一次被推到了风口浪尖。任正非在华为公司2018年IRB战略务虚研讨会上坦言，"我们现在面临的现实，和美国的关系可能会出现比较紧张的一个阶段，要做好充分的准备"。"现在我们和美国赛跑，到了提枪跨马上战场的时候，一定要把英雄选出来，没有英雄就没有未来"。"我们公司整体情况是好的，不怕谁。我们有能力自己站起来"。话语间，无不流露着一个企业家与祖国同呼吸、共命运的英雄气概。

从任正非的言行中，时常能感受到他不是一个纯粹的企业家，更不是一个把事业当生意做的商人。他格局宏大、胸怀广阔，他常说，"我们从事的事业，是为了祖国的利益、人民的利益、民族的利益"。做企业，只不过是他实现其家国情怀的路径而已。在培育华为公司企业文化的初期，他就已经把国家文化视为企业文化的基石。爱国、爱民、爱企的情怀与团结、奋斗、拼搏等精神一起，融入了华为人的血液中，成为华为企业文化的重要因子。它激励着近19万华为人"一起追寻着先辈世代繁荣的梦想，背负着民族振兴的希望，一起艰苦跋涉"。

这种家国情怀，不仅停留于理念，也体现在任正非对现实的关切中，尤其凸显在他对科学技术、人才和教育问题的高度关注中。对于一个国家而言，科技是第一生产力。当一个国家拥有高于他国的科技实力时，不仅仅意味着将赢得来自市场的高收益，同时也将极大地提升综合国力，在国际竞争中占据优势。在华为公司1995年的总结大会上，任正非说："中国人终于认识到，外国人到中国是赚钱来的，他们不肯把'底'交给中国人，中国人得到的只是'感染'，促使了人们观念的转化。他们转让技术的手段，都是希望过几年你还要再引进，然后，引进、引进、再引进，最终不能自立。以市场换技术，市场丢光了，哪一样技术真正掌握了？从痛苦中认识到，没有自己的科技支撑体系，工业独立是一句空话。没有独立的民族工业，就没有民族的独立。"

如果中国人不掌握核心技术，发展民族工业就无从谈起，更免不了处处受制于人。当我们还在感喟中兴公司所受的"屈辱"，并暗暗为华为公司捏一把冷汗时，从海思"备胎"的公布，到"我们已经为此做好了准备""华为处在最佳状态"的表态，到"华为在5G技术方面，别人两三年肯定追不上"以及"华为不会死"的自信，再到高端芯片实现量产、华为公司研发的鸿蒙操作系统即将投入使用等计划的透露，都表明华为公司早有准备并已默默做好了自己该做的事。

解决芯片问题、技术问题光靠砸钱是不行的，重要的是要"砸"数学家、物理学家、化学家。在任正非看来，中国想要提高科技竞争力，关键还是在于人才。在创立华为公司前，任正非就通过德国、日本在第二次世界大战战败后重新崛起的故事，领悟到对于一切组织而言，人才是最重要的因素。在成为华为公司的当家人之后，他更是自始至终秉持"人才是华为的一切"的理念。但人才从哪里来？归根到底要靠教育，只有教育发展了才能为国家、企业源源不断地输送各类人才。

在2019年1月针对女儿孟晚舟被加拿大方扣押、华为公司遭一些国家"极限打压"等问题，1月17日任正非在接受多家中国媒体联合采访时，仅以极短的篇幅讲述了女儿的情况，却以相当长的篇幅深入探讨了中国基础教育该如何发展、如何让教师受到全社会尊敬等问题。他特意引用了一个说法："一个国家的强盛，是在小学教师的讲台上完成的。"他认为，没有良好的基础教育，就难有有作为的基础研究。给农村教师多发一点钱，让优秀人才愿意去当教师、优秀的孩子愿意进入师范学校，就可以实现用最优秀的人培养更优秀的人。他说："国家应该要把基础教育提到国家的最高纲领，才能迎接未来的革命。提高全民族的文化素质，这应是党和国家的主要责任、每个公民的义务。今天满街的高楼大厦过二三十年就变旧了。如果我们投资教育，二三十年后，这些穷孩子就是博士。当他们开始冲锋时，国家就会更加繁荣。"有关华为公司的采访实录、内部讲话、文字资料或是公益广告，也无数次传递着这样一个核心理念——只有长期重视基础研究，才有民族工业的强大；只有长期重视基础教育，才有产业振兴的人才土壤。

在谈及未来凭什么与美国竞争时，任正非更是明确指出："国家的未来就是教育。中美贸易的根本问题还是科技教育水平的问题，国家一定要开放，才有未来。但是开放的前提是自己一定要'强身健体'，要'强身健体'最终离不开文化素质。未来要和美国技术竞争一定要通过教育。重视教育，最重要的就是重视和尊重教师。只有教师的待遇得到提升，才可以使教育得到较大的发展。"民族的竞争、国防的竞争、中美贸易的竞争，归根到底是教育的竞争。他说，中国现代化将在课堂上完成、在老师的讲台上完成。这是非常深刻的见解，更是作为杰出企业家应有的一种时代担当、家国情怀。

在任正非签发的一份华为公司内部文件中，摘录了中国政法大学教授林乾题为"御史铁骨如何炼就"的讲座内容。其中有一段话令人印象深刻："从文化根源上讲，御史精神凝练的最高境界，是一种家国情怀。它是御史的文化支撑，也是御史内化于心的信仰。这种情怀使御史把个人的生存价值与国家、民族的兴衰存亡密切联系在一起，勇敢地承担起匡时济世、拯救危亡的重任。"

古代中国之所以能维持2000年之久的大一统格局，很多旧王朝之所以能存续百年之久，除了稳定的组织架构与制度运作以外，离不开强大而极具现实意义的儒家文化和家国叙事的支撑。总会有那样一些人，在民族危难困顿之际，义无反顾地选择精忠报国、舍生取义，把国家和民族的荣辱与兴衰扛在肩上。

这也是这个时代需要的精神。

二、为人类做贡献

对于一个企业而言，盈利和社会责任，究竟孰轻孰重？仅对这个问题做出简单的回答，并无任何意义。这似乎不是一个选择题，更像是一个论述题。正如中欧社会论坛原主席皮埃尔·卡蓝默所言："利用自身财富回报社会不是一种选择，而是一种责任。如果说20世纪是权利的世纪的话，那么21世纪就是责任的世纪。"他进一步指出："人们集聚财富，最终却不知道财富的意义所在，仅仅为了积累而积累，这样的财富积累将导致社会的灾难。"

社会责任是什么？企业为社会公众提供质量放心、品质过硬的产品只是一方面，更重要的是，借由产品或企业行为本身，传递企业精神与企业文化。随着中国特色社会主义进入新时代，人民日益增长的美好生活需要中，精神需要已越来越不能被轻视。与此相应，大众消费者对产品的选取在越来越大的程度上，与对产品所传达的企业精神与企业文化的认同度相关。因而，企业对于盈利与社会责任之间轻重关系的衡量，已经常被替换为如何把握盈利与社会责任之间的平衡问题。

在这一点上，任正非的选择十分明确且坚定不移。面对各种各样的有关华为公司上市的传言，任正非的回应简短有力："不要相信传言！永远没有资本进来，这是我们公司高层所有人一致达成的意见。我们为理想而奋斗，不为金钱而奋斗。"一方面，华为公司坚持不上市，并且把98.6%的股权"让"给员工，而任正非只拥有公司1.4%的股权，且这一股权的份额还会继续下降。另一方面，华为人也在用实际行动来传递他们的价值观——"做有高度的事业"。"一个人一辈子能做成一件事已经很不简单"，不搞金融、不做房地产的华为公司能够发展到今天的地步，很大程度上得益于其"一条路走到底"的执着，28年来"对准一个城墙口持续冲锋"。对于这一做法，任正非这样评价："要总结的话就是傻，不把钱看成中心。中心是理想，理想就是要坚守'上甘岭'。钱不是最重要的。"

2019年初，任正非在华为公司总部接受了外媒的联合采访，在回答英国《财富》杂志记者提出的"华为的持股结构"之问时，任正非更是一语道破天机："信奉资本至上的公司成功的故事非常少，因为资本是比较贪婪的，如果有利益它就赶紧拿走，这样就失去了对理想的追求。"没有人能否认资本的不可或缺性，但是资本趋利本质，绝不可能被剥离。如马克思所言："为了100%的利润，它（资本）就敢践踏一切法律；有300%的利润，它就敢犯任何罪行，甚至冒绞首的危险。"经济学的主要创立者亚当·斯密之所以对人做出经济人和道德人的双重设定，也是出于对经济人的行为应该接受道德约束的考量，人所具有的同理心、正义感和行为的利他主义倾向有助于形成某种"公正旁观者"的机制，从而弥补市场的缺陷。任正非在1997年来自市场前线汇报会上的讲话中指出，"我们坚定不移地反对富裕起来以后的道德滑坡、庸俗的贪婪与腐败，不管他职务高低。我们要重塑新时代的民族精神"。

华为公司的这种社会责任感已经超越了国家和民族的范畴，拥有了面向整个人类社会的宽广视角，提出了"为人类做贡献"的宏大愿景。在中美贸易摩擦中，承受着美国的"极限施压"，任正非并没有以受害者的立场，发表义愤填膺的言论。相反，他一再感谢美国企业这些年与华为公司的合作，坦言美国企业有很多地方值得华为人学习，华为公司不会狭隘地排斥美国芯片；同时他还不忘提醒国人，"不要煽动民族情绪，不能把买华为的产品与爱国简单等同起来"。

他深信，全球化已成为不可遏制的时代潮流，企业间的相互依赖、合作共赢是历史发展的必然。在工业时代，一个国家可以独立制造一台完整的纺织机、一辆完整的火车、一艘完整的轮船，而在科技高度发达、分工高度细化的信息社会，"独自作业"式的生产方式将越来越少。"人类信息社会未来的膨胀是无限巨大的，所以任何一个市场机会都不可能由一家公司包揽，而是由千万个公司共同分享。"

随着全球化的不断推进，技术的发展让世界各国更加迫切地需要紧密合作，因此，人类命运共同体的概念变得越来越切题。在任正非看来，"为人类建立庞大的网络，就是我们最大的社会责任，全世界30亿人口是我们连接起来的"，正是这样胸怀世界的胸襟和格局，决定了华为公司舞台的宽度和广度。在日本海啸引发福岛核电站泄漏时，华为员工逆向前进，冒着生命危险在两周内恢复了680个基站，为抢险救灾做出了巨大贡献。作为企业管理者的孟晚舟在同一时刻全然不顾辐射的影响，从香港赶赴日本。当时整架飞机上只有两名乘客。2014年印尼海啸发生后，47名华为员工在13个小时内恢复了海啸灾区668个基站，有力支持了抢险救灾工作的开展。此外，还有无数华为员工在疾病频发的偏远、贫困地区穿行，为那些地方的经济社会发展做出了不懈努力，为此很多人都染上过疟疾，甚至还有人为此献出了生命……任正非本人也是如此。他曾抵达尼泊尔境内珠穆朗玛峰海拔5200米处，查看附近村庄里的基站情况。他深知作为一个领导者，自己若贪生怕死，就没有理由让员工冲锋陷阵。这样的案例在华为公司比比皆是，华为人所追求的并不是漂亮的财务报表，而是为实现人类理想而努力奋斗。

2019年4月17日，美国《时代》杂志公布了2019年度全球100位最具影响力的人物榜单，任正非入选世界泰斗类别。这已经不是他第一次上榜。早在2005年，任正非的名字就已经被挂在了"建设者和巨子"的金榜之上，且是当年中国大陆唯一入选的企业家。而全球100位最具影响力人物的评选，按照《时代》杂志的执行主编史坦格的说法，并非全球最有权力或最有钱的人，而是一群通过想法、洞察力、行动，对民众产生实际影响力的英雄。

对于这一殊荣，华为公司的官方论坛又贴出了那张著名的"烂飞机"宣传图，并在飞机机舱上方加戴了一顶名为"TIME 100 2019"的绅士帽作为回应。同时以配文提醒小伙伴们："我们还在痛苦中，不知道能不能活下来。"这就是任正非的风格——视虚名如粪土。

三、自古英雄非无情

2019 年 1 月 17 日，身处风口浪尖的任正非罕见地面对记者，一口气回答了 30 个公众关心的问题。当记者问及仍被加拿大方拘押的孟晚舟有关情况时，任正非只是淡淡地回应："我与女儿现在就是打打电话，在电话里讲讲笑话，晚舟很坚强。"女儿被拘，作为父亲的任正非当然是心疼的，这是人之常情，谁也不愿意自己的孩子遭受如此折磨。但是，对于军人出身、常年征战商场的任正非而言，理性和克制早已成为他的一种本能，即便在处理与最亲密的家人相关的问题上，也是如此。他坚决反对美国的这种做法，但表示"还是要依靠法律来解决问题"。

任正非表示，自己不能完全从父亲的角度看待子女问题。从他在多个场合的自述中，我们看到的是一个"缺席"的父亲。他说："我这辈子最对不起的就是自己的小孩。大的两个小孩，在他们小时候，我就当兵去了，11 个月才能回一次家。我回家的时候，他们白天上学，晚上做作业，然后睡觉，第二天一早又上学去了。我创业时太忙，与他们沟通时间少，年轻时公司正处于存亡边缘的垂死挣扎中，经常几个月很少与小孩见面。我亏欠他们。"的确，在子女成长的过程中，他算不上是一个合格的陪伴者。

甚至对于父母，他也满怀遗憾和愧疚之情。任正非的父亲，因为喝了街边售卖的劣质饮料而腹泻不止，直至全身器官衰竭去世。当时任正非正处于事业的低谷。他的母亲因为一场严重的车祸离世，任正非辗转从国外赶回，才得见母亲最后一面。直至与父母生死两隔，任正非才意识到错过的终难补偿，怎能不令人扼腕痛惜！

但另一方面，在这种因奔波事业而无奈"缺席"的背后，任正非又努力保持了某种始终"在场"的状态。他说："我有3个小孩，各有个性，其实我都很关注他们。孟晚舟这个小孩，我们相处的时间很短，但是她很努力，而且也很会为人处事。""她在学习上非常努力，从IBM公司引进集成财经服务系统时，她是项目经理，而且一二十年一直在这个项目中，所以她对项目管理的理解非常深入，还把财务做得很好。"谈及小女儿时，任正非这样说："小女儿小时候每个星期要跳15个小时的舞蹈，大学时做作业做到凌晨两点，甚至第二天清晨四五点钟。""他们对自己的要求很高，非常努力。""我的小孩个性都很强，都很努力，都想自己变优秀。"

　　读任正非所著的《我的父亲母亲》，你会忍不住感慨铁汉也有柔情："父亲任摩逊，尽职尽责一生，可以说是一个乡村教育家。妈妈程远昭，是一个陪伴父亲在贫困山区与穷孩子厮混了一生的普通得不能再普通的园丁。父亲穿着土地改革工作队的棉衣，随解放军剿匪部队一同进入贵州少数民族山区，筹建一所民族中学。一头扎进去就是几十年，他培养的学生不少成了党和国家的高级干部，有些还是中央院校的校级领导，而父亲还是那么位卑言微。"这样两位无私的老人，在艰难困苦中拉扯儿女长大成人后，没有过上几天儿女相伴的幸福日子，却都因意外而去世，任正非的文字满是悔恨之情，他恨自己当时"没有抽时间陪陪他们，送送他们"。他一直记得父亲的言传身教——"记住知识就是力量，别人不学，你要学，不要随大流"；母亲的音容笑貌仿佛还在眼前——"非非，你的身体还不如我好呢""非非，你的皱纹比妈妈还多呢""非非，你走路还不如我呢，你这么年纪轻轻就这么多病""非非，患了糖尿病，参加宴会多了，身体会坏得更快呢；你的心脏又不好"，可如今只剩回忆。他甚至因此陷入了深深的自责，如果母亲出事那天，他能够打一通电话，拖延她一两分钟出门，也许就能躲过那场灾难。这种悔恨的心情，真是难以形容。至悲痛处，只剩呼告："爸爸，妈妈，千声万声呼唤你们，千声万声唤不回。"

这也许才是任正非卸下铠甲后，最真实也最柔软的一面。他内心深处也有慈爱与温情，对父母、妻儿的亲情或许只有在他独处之时才会悄然涌起，或付诸文字，或化作感怀，无法与他人分享。身为华为公司掌门人的他有重大的职责与使命，身不由己，很多时候只能默默承受。

有大爱的人，不是不懂爱。

这也促使我们思考，对于家人，特别是对于子女，到底什么才是最好的回馈？任正非用"捉猫猫"打了个比喻，给出了答案。在接受《华尔街日报》记者的采访时，他说："我基本上每天有16个小时在办公室，无法顾家，所以我的3个儿女和我都不亲。从父亲这个角度来说，我觉得是亏欠他们的。我曾经和他们谈过话，我问'是爸爸小时候天天和你们在一起玩捉猫猫好，还是像今天创造一个平台给你们提供机会好？'他们说'还是创造平台好'，所以他们就谅解了小时候我没有抽时间陪他们捉猫猫。"

在他看来，对于父母而言，子女的个人成长始终是首要的，即便这种成长是在磨难中造就的。每个孩子都要学会自由飞翔，发展自己的个性。正如任正非从父辈那里传承了无私和忘我的品质，他的子女也大多继承了他要强的个性。在苦难中坚守自我、不懈奋斗，是任正非作为父亲交给儿女最好的人生财富。在这一点上，陪伴的缺失终于得到了某种谅解。

2016年在重庆德普外国语学校，孟晚舟以一个母亲的视角，发表了题为"未来将会选择什么样的年轻人"的演讲。她说，"作为母亲，我们的责任不是为了仅仅让孩子吃饱穿暖，不受伤害，我们有责任帮助孩子选择一条广阔的人生道路"。

父母之爱，为之计深远。

2016年，任正非在华为的研发将士出征大会上说：20多年前我们走出国门，是为了身份的证明。我们曾借用苏联红军瓦西里·克洛奇科夫的一句口号，"背后就是莫斯科，我们已无退路"。莫斯科不是我们的，我们根本就没有任何退路。我们向前走，被认为是共产主义在进攻，退后被认为是资本主义在萌芽，当我们拖着疲惫的身体回到家里时，面对陌生的妻儿，一句话也说不出来，因为对客户说得太多了。在他们最需要陪他们游戏，给他们讲讲故事的时候，我们生命的时间，完全被为生存而战全部绞杀了。儿女总有一天会明白，他们的父母无怨无悔的一生，明白他们父母像中央空调一样温暖全人类，而没有像电风扇只吹拂他们的伟大情怀。但是，我们永远不能报答自己父辈的良心自责，将久久萦怀。"

之后，在接受央视财经频道特约评论员叶檀的采访时，任正非又说，华为公司对他而言，是一条"不归路"，"没想到这条路这么崎岖"。他坦言，"如果重新来一次，要跟着我老婆种地去，做长工。一到周末她就去种地，我跟着去，就是坐在那里玩。不会再创办华为"。因为选择了这条路，"如果不能做到第一，第二是活不下来的"。

这就是任正非，这也是华为人——"我们牺牲了个人、家庭，是为了一个理想，为了站在世界高点上。"

自古英雄非无情，只因豪情寄大爱。

四、关心更多的事

我们应该如何度过一生？

著名哲学家伯特兰·罗素在他的名篇 *How to Grow Old* 《怎么变老》中给出了这样的回答：

　　最好的办法——至少在我看来——就是逐渐使自己关心更多的事情，关心那些不直接跟自己相关，甚至是无关的事情。慢慢地，自我的壁垒就会慢慢消退，个体的生命也就越来越和整个宇宙融为了一体。人生好比一条河，开头河身狭窄，夹在两岸之间，河水奔腾咆哮，流过巨石，飞下悬崖。后来河面逐渐展宽，两岸离得越来越远，河水也流得较为平缓，最后流进大海，与海水浑然一体，看不出任何界线，从而结束其单独存在的那一段历程，但毫无痛苦之感。

著名管理专家《从优秀到卓越》的作者吉姆·柯林斯在一篇文章中说，真正的领导"是为了事业、组织、使命、国家和工作，而不是他们自己，而且他们拥有强大的意志力，能够在组织核心价值观的指引下，为实现抱负而竭尽全力"。换一个角度说，这是一种内在的生命需求。

任正非的太太说，她的丈夫不是愿意在家里过小日子的人。工作可能是他生命中最重要的事情，所有的乐趣都来自于此。

任正非自己也这样认为："做工作是一种热爱，是一种献身的驱动，是一种机遇和挑战，多么难得，应该珍惜它。""认真地做好每一件事，不管是大事，还是小事。""目光远大，胸怀开阔，富有责任心，不计较个人的得失。"

任正非也将自己的价值观输出给年轻的华为人："一切有志的热血儿女都应为中华有为而奋不顾身。献出你的青春，献出你的热血，拥抱你的事业，享受奋斗的人生。华为公司以产业报国和科教兴国为己任，以公司的发展为所在社区做出贡献，为伟大祖国的繁荣昌盛，为中华民族的振兴，为自己和家人的幸福而努力。"

在任正非的内部讲话中，类似的表述随处可见。任正非评价自己说："只有极少数人是拥有超我意识的使命主义者，乔布斯是，我任正非大概也属于这一类人。"

在他眼中，国家前途、民族命运、企业兴衰、个人得失、家庭幸福是一条自上而下、环环紧扣的链条，成就大我势必牺牲小我。人的一生终将是一段不断超越小我、追求大我的历程。经历常人所无法忍受的苦难，穿越荆棘密布的丛林，横渡广阔无边的大海，直至无人之境。这一切的一切，皆源于一种坚定信念所带来的力量。

"天下有大勇者，卒然临之而不惊，无故加之而不怒；此其所挟持者甚大，而其志甚远也。"

第六章

世界级的战略智慧

对华为公司而言，2019 年可谓是"山雨欲来风满楼"的一年。美国的"极限施压"将华为公司推向了世界的"风口"，也让华为直面生与死的考验。在"乱云飞渡"的艰难时刻，任正非依旧淡定从容、应对自如。尽管华为这架"飞机"已被打得"千疮百孔"，但它仍在万丈高空昂首飞翔！

32 年来，华为公司凭借什么一步步成长壮大，直至取得今日之成就？面对美国的"倾国剿杀"，华为公司何以能屹立不倒并砥砺前行？从华为公司的成长轨迹和这次"华为事件"的风雨中，我们更深刻地领悟到任正非统领华为公司的战略思维和智慧。

一、"华为产品只是商品"：华为的政治智慧

面对美国动用国家行政、法律、经济、外交、舆论以及全球盟友等力量向华为公司"极限施压"而制造的"华为事件"这一

敏感话题，正确应对需要有宽阔的国际视野、超群的谋略胆识、敏捷的思维逻辑、精准的语言技巧。否则，极易"弄巧成拙"或落入对方精心设计的"圈套"。从任正非2019年上半年接受国内外媒体采访的访谈中，可以窥见他识势处事的过人智慧。

2019年，可称之为"华为之年"。自2018年12月孟晚舟事件发生后，几乎天天都有关于华为公司的新闻。这一年，特朗普、蓬佩奥等人在世界各地宣传华为公司的"厉害之处"，并向诸多美国盟友施压；这一年，许多国家迫于美国的压力，不得不就是否采购华为公司的5G设备，做出艰难的决策或表态；这一年，全球多数先进的信息技术、通信技术企业，尤其是该领域的美国企业都处于能否与华为公司继续合作的"焦虑"之中；这一年，华为公司不但成了中美贸易摩擦中的焦点和敏感问题，还成了许多国际会议的重要话题，甚至部分国家的高官还因"华为事件"丢了"官帽"，如2019年4月，英国国家安全委员会一场有关是否限制使用华为设备的秘密会议的决定被泄露，随后英国国防大臣威廉姆森被解职……总之，2019年，各国因"华为事件"、5G技术而吵嚷不休。

显而易见，经济与政治紧密关联。企业看似是单一的社会组织，但其经营过程与社会背景有着密切的内在关联。世界上没有完全脱离政治的经济，也不存在完全自由的市场经济。美国被认为是自由市场经济的"典范"，但又有谁会相信特朗普政府对华为公司的"极限施压"是纯粹的市场行为呢？

2019年初，华为公司的产品市场已覆盖全球170多个国家与地区，为30亿人提供服务。截至6月，华为公司已就建设5G网络与有关国家签订合同达50多个，预计将建设基站15万座。作为巨型跨国企业的华为公司，其生存与发展必须置于相关国家的政治环境中。为此，任正非不但明见万里，而且投入了大量精力处理与政府和社会各界的关系。他要求华为人把遵守法律作为在全世界生存、发展的最重要前提。任正非说，我们不仅要遵守各国法律和联合国决议，在敏感地区还要视美国的国内法为"国际法"，"不然，我们就不可能全球化"。即便如此小心翼翼，美国仍处处设限。

理性应对美国的制裁需要很敏感的政治嗅觉和很高的政治智慧，才能不落入其"政治陷阱"。

华为的设备存在安全隐患，装有"后门"——这是美国向华为公司施压的最冠冕堂皇的理由。美国以唯我独尊的"世界霸主"姿势，四处向盟友施压。据路透社2019年2月12日报道，蓬佩奥警告盟友不要与中国华为合作，利用华为的设备部署，并称这将使华盛顿更难以"与他们并肩作战"。《华尔街日报》称，美国官员向来自德国、日本和意大利的代表通报了可能存在的网络安全风险，试图劝阻其政府和商业运营网络不要使用华为（和中兴）的设备。

事实究竟如何？这是首先需要澄清的问题。

第一，网络安全与信息安全不是一回事。任正非指出："网络安全和信息安全是两回事，我们只卖设备给别的公司，设备里装什么东西控制在运营商手中，而不是我们。"当然，谁都没法拍胸脯保证，网络系统绝不会发生故障。任正非坦言："最近，有公司的一些设备在多个国家瘫痪，但我们不认为它们本身有多大罪责，只不过需要不断改进技术。没有人能成为'常胜将军'，包括我们在内。但我们有故障保障系统，一旦发生故障，能被很好地排除。"

第二，历史可以说明问题。历史已经证明，华为公司的产品没有"后门"。尽管美国一直以此为由指控华为，但至今也未提供相关证据。曾有记者向蓬佩奥提问："你们的证据呢？"蓬佩奥回答："你问的问题是错的。"任正非"以牙还牙"说："把我们放到'实体清单'中也是错误的。"事实上，从网络设备的运行技术来看，华为公司的网络安全保障水平已属世界顶尖。美国 Cigital 公司曾评价，华为公司的安全"围墙"是全世界建得最稳固的，防攻击能力也是最强的。

第三，华为公司绝不可能在设备中安装"后门"。任正非明确表示："华为公司绝不可能从事任仁何间谍活动，而且也不会接受任何人的指示安装'后门'。如果有这个行为，那我就把公司解散。""华为公司的年销售收入几千亿美元，没有必要为装'后门'而引起全世界客户的反感，这样做的话将来就没有生意了。我不会冒这个险。"任正非甚至表示，为维护客户利益和公司尊严，个人生死可以置之度外。对此，连中国政府的高级官员也已明确表态。2019年2月16日，一名中国高级官员在慕尼黑安全会议上告诉全世界，强调中国政府从来不指引任何企业安装"后门"，并称中国政府要求所有企业都要遵守国际法、遵守联合国法律、遵守各个国家的法律，在任何地方都要合规经营。

第四，华为公司许诺可公开签订无"后门"协议。为表明华为公司的尊严，任正非向世界承诺："前30年，我们一次也没有过（指安装'后门'），现在在这种特殊环境中，我们也敢向全世界承诺——我们可以签'无后门协议'。如果这些国家认为我们说了不算数，要国家说了才算数，签约时我们也会邀请中国政府派员到场，从旁作证。"

试问，世界上有哪个企业敢这样公开承诺？本来无须如此，此举正是为了揭穿美国的谎言不得已而为之。当然，也同时重重将了美国一军。

第五，5G是造福人类的技术。美国将5G技术视为军控设

备，无端引发"自我恐惧"。任正非笑谈道："5G不是原子弹，而
是造福人类的技术，是给人们提供信息通道和管道。信息通道和
管道控制在运营商和所在国政府的手中，我们只提供'裸'的设
备，不会对安全产生危险。"其实，美国大可不必过度恐慌。美国
已在全世界处于绝对优势，且这个优势将是长期的。即便在某一
领域，个别公司有了新突破或赶超了美国，那也应是值得高兴的
事。"因为我们共同为人类提供了更好的服务，怎么会被认为是威
胁呢？"

美国总认为自己的信息不安全，总担心受到华为公司的"威
胁"。任正非调侃说："美国没有我们的设备，以后也不会买我们
的设备，它的安全与我们有什么关系呢？"

第六，需要指出的是，美国向盟友施压，不允许其使用华为
的产品，到底是何想法？这只能由历史和合理的逻辑推理去说明
了。众所周知，美国对盟国领导人的监听已是公开的秘密。如果
欧洲诸国用了华为公司的设备，美国也许就很难再得到他们想要
的情报了。欧洲多个国家曾明确提出，欧洲的信息数据"不要离
开欧洲"——防止被人监听、窃取欧洲的信息。正如任正非所透
露的，如果采用华为公司的设备，"这样他们（美国）想进也进不
来了，因为我们的设备没有'后门'，他们无法进入欧洲的信息网
络"。

最恐惧的是"恐惧"本身。美国向华为公司施压的另一个理由，就是生硬地把华为公司与政治、意识形态相联系，无端认为华为公司具有所谓的"政治背景"。在任正非看来，"美国把我们当成共产主义，始终对我们心存怀疑，害怕信息被窃"。

面对美国的"极限施压"，任正非始终坚持把政治和商业区分开。他强调，现在西方有些人认为，华为公司的设备运作有阴谋，这种认识就像工业革命时期砸坏纺织机一样——认为先进的纺织机破坏了世界秩序。事实上，华为公司销售的设备没有附加意识形态，设备的掌控者是运营商自己。

作为企业，华为公司反复强调，所售卖的产品只是商品。任正非说：我卖给世界的就是一根"自来水管道"，里面流的是"水"。5G基站像"水龙头"一样可以放出"水"来。我本身不控制这个网络设备，主权还在设备所在国。

中美贸易摩擦的不断升级，尤其是美国的"极限施压"，激起了中国人民的爱国情怀。对此，任正非鲜明地把爱国与民粹主义分开，始终保持清醒的理性，以国家全局和长远利益为重，防止由此把正常的爱国情怀引入民族主义和民粹主义的死胡同。

民粹主义是一种狭隘和极端的排外思潮。显然，民族主义、民粹主义会阻碍国家的改革开放和经济发展。任正非明确表示，我们的态度是——不能为了华为一家公司而牺牲国家利益，有损于国家深化改革开放的大政策。

如今，华为公司已成了中美贸易摩擦的焦点，但任正非表示：华为没有这么伟大，中美两个大国之间的摩擦，怎么会让华为这颗小芝麻夹在中间呢？我们华为能起什么作用呢？

有记者问，现在民众对"华为事件"有两种强烈的情绪：一种是鲜明的爱国主义，把对华为公司的支持上升到爱国的高度，另一种是用"华为事件"去"绑架"民众的爱国情绪，不挺华为就是不爱国。对此，任正非冷静地指出："我的小孩用苹果产品，就不爱华为了？不能这么说。""不能说用华为产品就爱国，不用就是不爱国。华为产品只是商品，如果喜欢就用，不喜欢就不用，不要和政治挂钩……千万不能煽起民粹主义的风。"他心知，民粹主义对实现中华民族的伟大复兴并无助益，国家发展需要坚定地走改革开放的道路。

当被记者问及民粹主义、民族主义是否会让他感到担忧时，任正非表态说："我们坚决反对民粹主义和狭隘的民族主义，世界经济要走向全球化，必须合作共赢。世界这么大，怎么会只有一家公司做我们所做的事呢？即使我们真能做到第一，也要和大家团结在一起，共同为人类服务，而不是自己去服务。"这是一种具有历史深度的理智、具备全球广度的胸襟，是当代中国人应有的气度和自信。

　　美国以所谓"国家安全"为由，将华为公司列入"黑名单"，不但禁止本国政府部门采购华为的产品，而且禁止美国企业向华为公司供货和购买华为的产品，禁止大学、科研单位与华为公司合作，甚至与华为公司有关的物流、邮件都在管控范围。一直自我标榜奉行自由市场原则的美国，竟到了如此地步，可见美国此次向华为公司施压的力度之大、态度之坚决。

　　但任正非坚持市场中性策略，十分大度地说："美国不购买我们的设备，是市场经济中的自由行为，这没有问题。"但民众都明白，堂堂世界第一大经济体竟置市场经济的基本原则于不顾。美国政府的做法也令美国企业界怨声载道，被逼急了的联邦快递甚至状告美国商务部。

　　"华为事件"事涉多方。面对错综复杂的局面，任正非十分清楚，必须坚守"华为只是企业"的定位，防止问题的持续发酵。在应对记者的刁钻提问时，任正非出语十分谨慎。

　　曾有记者问他：你寄希望于通过中美贸易对话来解决华为问题吗？任正非回答：华为公司几乎在美国没有销售业务，所以与中美贸易没有什么关系；中美两国贸易这么大的事，我们不知道两国之间要就什么对话；我们关心的就是自己企业的小事情，希望对话不要提及我们，我们不值得他们对话。

　　更有甚者诱导性地提问：华为公司遭受了如此重大的打击，

您没有与中国高层领导沟通过吗？面对诸如此类的问题，任正非总是机警地回应："我哪有机会见到他们去谈这么具体的小问题呢？华为的问题摆在中国的桌面上，只是一个很小的问题，如摆在美国的桌面上还不够芝麻大，所以不值得拿到桌面上来讨论。我们自己有能力解决，我们还是相信法律，希望通过法律途径来解决华为公司和美国的关系问题。"

在被问及"您觉得美国针对中国长期的战略是什么""有人说美国要限制中国的崛起"等敏感问题时，任正非恰到好处地回应："我不懂政治，也不是政治家，政治的事情要问特朗普去，他是政治家。"

任正非一直坚称，自己的能力只在于集中精力管企业，两耳不闻华为公司以外的事情。对于事关华为公司生存发展的中美贸易摩擦，他不做预判，只简单表示华为公司将根据事态走向，及时调整企业策略。

类似表态展现了任正非清醒的意识——华为是企业，自己是企业家，要防止"华为事件"被有意识地政治化，掌握应对的主动。

华为公司在应对中，理性地划清了华为公司与政治的界线。同时，为尽可能争取"同盟军"的支持，也把美国的政治家与美国企业家区分开。

任正非多次强调：我们被列入"实体清单"，美国企业卖产品给华为公司必须经由政府批准，美国企业也不能不遵守法律。媒体不要老骂美国企业，要骂就骂美国政客。我觉得有时候不分青红皂白，一竿子打过去，打的都是矮的人，高的人反而打不着。媒体应该理解，美国企业和我们是共命运的，我们都是市场经济的主体。

此外，任正非也十分注意把美国与世界其他国家区分开——欧洲不是美国，美国更不能代表世界。甚至，他还把特朗普的做法分为正确的做法与错误的做法，认为特朗普推行的减税措施是"伟大"的，但胡乱抓人和打压一家民营企业的举措，就不那么"伟大"了。

任正非的上述见解和答记者问，看似轻描淡写、避重就轻，甚至有些不近情理，但这正是大智若愚的表现，也是大军压境仍从容的气度。"轻"到极致是深刻，"淡"到深处是智慧。避谈政治的任正非处处展示出过人的政治智慧，不上美国人的当，且善于团结一切可以团结的力量，在这个特殊时期，尽量扩大华为公司的"朋友圈"。

中外企业的生存和发展都离不开国家，也都离不开政府资源，因而必须讲政治。"华为事件"提醒我们的企业家，经营好企业需要有政治头脑、政治智慧，走向国际化的企业，就需要更上一层楼，懂一些国际常识和国际政治。

二、"做有高度的事业"：华为的奋斗理想

做人无志向难成大器，企业没理想难成大业。任正非做事高调，具有强烈的事业心，在事业上从不服输。"做事业，要做有高度的事业"，这句话，他常挂在嘴边。

从华为公司32年的发展史和任正非的言行中，我们可以强烈地感受到，华为公司是有理想抱负的企业，任正非是理想主义者，是英雄主义者，也是现实主义者。

他曾对部下讲过这样一个故事：一天，有两名青年在推石子。一个老头路过看见，就问他们在干什么。一名青年回答，在推石子；另一名青年回答，在修教堂。几十年后，人们看见一位老人还在推石子，另一名则成了哲学家。这说明，理想志向十分重要，决定了人生的高度。正因如此，任正非告诫华为人，一个干部就算踏实肯干，如果没有远大的理想，能取得的成就也将十分有限，终将被历史淘汰。

任正非带领华为人为远大理想而奋斗，不仅是为多赚钱而拼

搏。他多次强调，"我们为理想而奋斗，不为金钱而奋斗"，"我们把钱看得不重，把理想看得很重"。

在他看来，资本至上与理想至上必定产生冲突。他曾明确表示，"华为公司不轻易允许资本进来""因为资本贪婪的本性会破坏我们理想的实现""资本是比较贪婪的，如果有利益它会赶紧拿走，这样就失去了对理想的追求"。因此，他坚持除了资本（指上市、资本重组之类）以外，华为公司发展的任何问题都可以讨论。

华为公司会不会上市，是社会关注度很高的热点问题。任正非认为："上市公司主要注重短期利益，看当期的财务报表，不看长远投资。我们不同，我们可以大胆地对未来十年、二十年进行投资。所以，未来我们会越来越领先，不仅仅是今天5G所领先的这一点点。这就是公司不上市的好处。"

如今，华为公司正承受美国的"极限施压"，任正非为未上市而庆幸："如果我们是上市公司，还能活下来吗？很可能股价波动，一泻千里，公司早就崩溃了。我们是私有公司，销售收入下降几百亿美元对我们没有太大影响，我们的理想还是要实现的。所以，我们作为私有公司，远比作为上市公司要好。"他还认为，"如果华为公司是上市公司，可能很多员工抛了股票就走掉了。但现在华为人抱团前进，具备了战胜困难的人力基础和士气，这也是没有上市的好处。"

这就是任正非在理想与金钱、理想与资本问题上的价值取向：一切服从使命和理想。

那么，为人类造福的远大理想，落到华为公司身上具体做何体现？

华为公司的理想先是为"活下去"而奋斗，然后是"持续为客户创造最大的价值"，接着是为"丰富人们的沟通和生活"，现在则是"站在世界最高点"，服务于人类的智能社会、信息社会。

如今，华为公司已经是全球领先的ICT解决方案供应商，为运营商客户、企业客户和消费者提供有竞争力的ICT解决方案、产品和服务，并致力于实现未来信息社会，为把数字世界带入每个人、每个家庭、每个组织，构建万物互联的智能世界而奋斗。

为此，华为公司始终坚持管道战略，通过管道来整合业务和产业。任正非预测："通信网络管道就是太平洋，是黄河、长江；企业网是城市自来水管网，终端是水龙头。沿着这个网络整合，对华为公司有用。当然，管道不仅限于电信，我们可以做到让管道具备太平洋般的流量能级，未来物联网、智能制造、大数据将对管道基础设施提出海量需求，我们的责任就是提供联接。这是一个巨大的市场。"

此番美国对华为公司的"重点关注"，就是因为华为公司身处通信网络管道建设领域的"世界最高点"。其实，5G技术主要是一种管网联结技术。美国并没有5G行业，理应不会与华为公司产生冲突。但它为什么要对华为公司施压？任正非这样分析："美国为什么打击我们的5G技术而不是终端？因为我们的5G技术很厉害，所以美国最关注的还是我们的联接设备在国际上的地位。"

任正非认为，要实现理想目标，必须尽力防止颠覆性的决策失误出现，使企业的发展方向不发生重大偏差。极其注重"方向感"的任正非要求华为人，保持"方向大致正确，充分激活组织活力"，并坚持这一战略不动摇。

2017年，他在加拿大四所高校校长座谈会及华为公司员工座谈会上都提到，只要在企业发展的大方向上不断进行自我批判和自我纠偏，就能把方向调整到大致正确。方向不对，会死；不努力，也会死。当然，"方向大致正确"是有弹性的"灰度"，因为方向不可能做到绝对准确，"绝对"本来就不存在。

在任正非看来，华为公司已挺进了信息技术最前沿的"无人区"，现阶段更需要"思想科学家"来保证"方向大致正确"。为此，他设想，在"一杯咖啡吸收宇宙能量（思想）"的基础上，建立一个以原有合作伙伴为中心的思想研究院，只研究思想和所谓"方向"。欲对人类未来进行无限探索的华为公司，主动安装了许多"雷达""天线"，以便在不确定性中寻找确定方向。如果不这样，就很可能走错路，一旦走错，便很难回头。事实证明，世界上的许多大公司就是因为战略方向错误而一蹶不振。

任正非认为，华为公司研究未来信息社会的假设。如果没有正确的假设，就没有正确的方向；没有正确的方向，就没有正确的思想；没有正确的思想，就没有正确的理论；没有正确的理论，就不可能提出正确的战略。思想研究院是一个思想火花研究中心，通过找寻这个世界的火花在哪里，确定未来的思想和方向。接着由"2012实验室"形成理论，再经过反复验证。这样就能搞清楚，未来走向何方。

由研究思想火花形成思想假设，由思想假设进入基础理论研究，由基础理论研究形成方向性理论，再通过多学科论证和实验，进而转化为战略性的进攻窗口，最后形成技术方向和产品研发线路。这是任正非理想体系的根本逻辑，也是他的战略智慧和高明之处——打通了科技进步和人类社会发展这两条内在规律，并为我所用。

企业的理想目标是前行的航标灯。企业家和企业发展都应在赢利的基础上有更高远的目标追求、理想志向和格局胸怀，这样才会有"诗和远方"。

三、"傻傻地走自己的路"：华为的专业精神

确立理想与目标后，若想获得成功，仍需执着追求、精耕细作。我们要学习华为人执着的专业精神和他们精益求精的工匠精神。他们认准理想、瞄定志向，接着就像电影《阿甘正传》中的阿甘那样，坚持不懈地朝着目标奋斗到底。

为实现"站在世界最高点"的理想，华为人十年磨一剑，不改初衷。任正非打过这样一个比方："华为就是一只大乌龟，20多年来只知爬呀爬，全然没看见路两旁的鲜花，不被各种所谓的'风口'左右，只傻傻地走自己的路。"

32年来，当身边的企业纷纷试水跨界发展时，华为公司定力十足，始终未对经营方向的"横向平衡"动心，只专注于纵向突破——心无旁骛地钻研通信技术。"我们很简单，只为人类进入信息社会而奋斗"。一路行来，华为人聚焦于此，坚持"力出一孔，利出一孔"。

在华为公司的成长过程中，恰逢中国房地产业的井喷式发展和股市飘红。任正非记得，那时公司楼下有个交易所，买股票的

人常是里三层外三层，围得水泄不通。但公司楼上的办公室却平静如水，大家全身心专注于自己手中的事，全然不为所动。

"'傻'，要总结的话就是'傻'，不把钱看成中心。我们的中心是理想。"如何得以32年来一直"傻傻"坚守？任正非坦言也离不开因公司未上市而得以保有的自由。"如果上市，股东们看着在股市轻轻松松就能赚几十亿元、几百亿元，便会逼着我们横向发展，华为就攻不进'无人区'了"。

为攻进"无人区"，任正非甘愿舍弃的不仅仅是丰厚物质利益。任正非婉拒了众多领奖机会。

"摆一桌子的奖章，能证明我能干吗？能证明我把5G做好了吗?"任正非坦言，一旦获奖多了就难免要参加很多社会活动，这样就没有时间干自己的活了。他只想一门心思带着华为人往前走，不想停下来去"戴帽子"拿奖。

有所不为，才能有所为。华为人排除一切干扰，坚持只做一件事，在一个方面做大。32年来，华为公司组织千军万马、投入巨额研发费用，只冲向一个"城墙口"——通信领域。

任正非反复告诫华为人：我们是一个能力有限的公司，只能在有限的宽度赶超美国公司；不收窄作用面，压强就不会大，就不可能有所突破。任正非认为，信息流的终端就是一个"水龙头"，CNBG（华为三大业务部门之一，主要做基站、网络部署）

就是一个"管道"，坚持以此为突破口，则容易在世界上占有一定地位。未来，华为公司不会变轨换道，而且"炮击量"会越来越大。

专注一个领域、一个主航道、一个"城墙口"，这就是华为人的战略定力和毅力，也是华为人抵达"制高点"的不二法门。

四、"华为是华为人的华为"：华为的利益分配法

一切美好的东西都是奋斗出来的。企业的生存和发展离不开每位员工的奋斗。道理看似浅显，但如何激发每位员工的奋斗激情，如何充分发挥每一个员工的聪明才智，则是企业管理和企业文化的"学问"，也是企业领导的职责所在。

从哲学层面而言，包括企业活动在内的任何人类活动，都是满足人类自身需求的活动。但对企业活动来说，它主要可分为内部人和外部人两个方面。

外部人中最根本的是企业的客户，包括上下游的客户。企业之所以存在，是因为能为客户创造有效价值和提供增值服务，而客户则需支付相应的回报价值。这样，企业才得以持续发展。因

此，企业必须坚定不移地"以客户为中心"，时刻警惕做大做强后，向"以自我为中心"转变。对此，任正非反复强调，"无论将来我们如何强大，仍要谦虚地对待客户、供应商、竞争对手、全社会，包括我们自己"。"客户永远是上帝"，在华为公司这早已融入"以客户为中心"的企业价值观、企业文化、企业发展战略、企业组织结构、企业管理考核制度之中，并得到全面贯彻落实。

以"客户为中心"的经营活动，归根到底要通过企业内部的经营活动来实现。正因如此，华为人必须紧紧围绕"为客户创造价值"展开工作，否则就会南辕北辙。任正非认为，要坚持"以客户为中心，以奋斗者为本"，只"以奋斗者为本"是不对的。即便奋斗者干活很努力，但如不能给客户创造价值，那所有努力都是无意义的。

最终，华为公司非常成功地把"以客户为中心"与"以奋斗者为本"相结合，通过反复"拧麻花"，终于产生了极具特色的华为管理法。

通信行业异常激烈的市场竞争，令华为公司一度倡导像狼一样的市场灵敏嗅觉和强悍快速的群体行为。因此，人们也曾把华为公司的企业文化提炼为"狼性文化"，将任正非视为"狼主"，把华为人视为"狼群"。华为公司之所以被视作极具"狼性"的企业，是因为华为人特别善于团队作战，并以此在市场竞争中胜出。

尽管人们一度把华为文化概括为"狼文化"，但事实上华为公司从未提出这一概念。针对这个误解，2008年，任正非曾在一次讲话中专门澄清："我们没有提出过'狼文化'。我们最早提出的是一个'狼狈组织计划'，是针对办事处的组织建设的，从狼与狈的生理行为中归纳出来的。狼有敏锐的嗅觉、团队合作的精神及不屈不挠的毅力。狈尽管聪明，但因为个子小、前腿短，不能独立进攻，因而跳跃时抱紧狼的后部，一起跳跃，并像舵一样操控狼的进攻方向。狈很有策划能力，还很细心，如同市场的后方平台，帮助做标书、提供行政服务……狼与狈是对立、统一的，单提'狼文化'，也许会曲解狼狈的合作精神。"

在华为公司发展的相当长的一个时期里，任正非借用狼和狈的特性来总结华为公司的经验，驱动华为公司实现赶超性发展。毫无疑问，狼的三大特性具有普适性，也反映了华为公司企业文化的某些重要特点。

当然，狼有优点，也有残暴、贪婪的一面。随着华为公司的发展壮大和现代企业制度建设的深入推进，员工的压力越来越大，任正非也越来越感到"狼"的两面性。

而后，任正非在讲话中有意减少并淡化了"狼"的话题，越来越重视人情味，强调华为人是一家人，要相互仁爱善待。任正非经常说：我们一定要关怀部下，因为他们是我们的弟兄；现在的华为人不应忘记过去华为人的贡献。他还亲自写文章，悼念因公、因病或因意外事故去世的华为人。华为公司也越来越重视员工的业余活动和家庭生活，也更强调与竞争对象共生共荣的合作关系。

总之，华为公司逐步完成了从"狼性"到"人性"的转型，完成了向"以奋斗者为本"的转型。企业内部的恶性竞争、加班加点等现象也得到明显改善，与竞争对手也由单向竞争向合作竞争转变。

为进一步激发员工的主观能动性，除了给予充分的人文关怀外，华为公司还推行共创共享的机制。任正非有句名言："钱给多了，不是人才也变人才。"但给钱也有门道。过去，华为公司按学历定薪；现在，则按价值定薪。这意味着牛人年薪不封顶，你有多大雄心、有多大能力，华为公司就给多高的薪酬。目前，任正非已将华为公司98.99%的股权分给了员工。这种与员工贡献度高度关联的股权结构，使华为公司内部具备极强的凝聚力。

任正非曾说，一个公司拥有活力、走向成功需要具备两个要点：方向大致正确，组织充满活力。那么，企业的组织活力主要来自哪里？他认为，一是选拔优秀的人才，二是有效的激励机制。

选拔人才也好，创新激励机制也罢，其中最根本的是按什么来分配利益。利益分配机制较为理想的状态是，既有利于企业长期发展，又满足员工短期期待；既有利于企业高效运行，又能聚合员工心力；既有利于调动骨干队伍，又能惠及全体员工，总之，要形成一个有平衡、有层级、有活力、有合力的命运共同体。

毫无疑问，形成这种共同体的关键是有关股权的制度安排，而且这种安排应具有充分的开放性、灵活性和流动性。股权结构设计是一个企业发展战略和核心价值观的体现，也是一门颇具技术性的管理艺术，更是深邃智慧的折射。股份搭配好了、利益分配合理了，企业管理中的一大半问题也就迎刃而解了。企业的竞争是企业高管的竞争，也是员工群体的竞争。所以，想把企业办好，就要把团队内部的利益分配问题处理好。

华为价值观中的"以奋斗者为本"，既调动了每个华为人的积极性，又体现了集体的、协同的、整体的奋斗精神，实现团队的协同奋斗。"华为是华为人的华为"，华为公司的集体奋斗者价值观和文化理念，最终要落到共同利益上。任正非把自己在华为公司发展中的作用和自己的长处，概括为"浆糊的黏合作用"。他说："业界老说我神秘、伟大，其实我知道自己名实不符。我不是为了抬高自己而低调，而是因害怕而低调。华为真正聪明的是诸多员工，我只不过用利益分享的方式，将他们的才智黏合起来。"

可以说，华为公司"利益分享"的最大特色，正是群体性的股份制。2011年12月25日，任正非在一次讲话中，曝光了一个旧时的"秘密"。在创建公司时,他就设计了员工持股制度,希望通过利益分享来团结员工。那时,他还不懂期权制度,更不知道西方已创设的多种形式的激励机制,只是基于自身经历,感悟到与员工分担责任、分享利益的重要性,因此有了这个主意。未曾想,无心插柳柳成荫。

华为公司的股份是企业内部股,公司没有上市,也不允许其他资本进入。目前,华为公司的所有权归属于96768名(数据截至2019年5月)员工,这意味着持股员工数超过了总员工数的50%,股权结构具有较高的群众性。而在公司领导层中,持股最多的任正非仅占股1.4%左右。

任何一个组织、单位都由个体组成,但整体的力量并不等于个体力量之和。企业管理就是要解决如何让全体员工达到最佳工作状态、创造最高绩效的根本问题,这涉及企业发展战略规划、企业价值观、企业管理制度、企业财务制度、企业领导干部制度、企业文体活动,等等。最核心的是处理好利益关系,构建企业利益命运共同体。这一点,对民营企业尤其重要。

五、"无人区的生存法则"：华为的开放式创新

新陈代谢、守正出新是生命之源，更是企业的生存法则。

自创始以来，科技创新一直是华为公司最鲜明的特征之一。美国之所以对华为公司"极限施压"，就是因为华为公司在信息技术领域拥有了世界领先的技术；而华为公司之所以能从容应对，也正是得益于自身丰硕的创新成果和卓越的研发能力。

任正非在多次访谈中明确指出，美国是因为看到华为公司的5G技术在世界上处于领先地位，才出手施压的。事实上，华为公司领先的不仅是5G技术，还有光传输、光交换、接入网和核心网等多个领域的技术。美国的施压只会在少量非核心部件、某些终端产品的增长数量上对华为公司造成短期影响，但不会对华为公司的生存和发展造成很大困难，而且今后华为公司所有领域的生产都可以做到不依赖于美国供货而独立进行，尽管华为公司已声明永远不会拒绝与美国企业的合作。

尤其令人惊诧的是，任正非在2019年6月27日接受加拿大《环球邮报》采访时明确表示：（短期内）美国肯定建不成先进的

信息网络，因为我们不会在美国销售5G。这就是华为科技创新的影响力。

尽管技高一筹，但华为公司始终没有停止开放。相反，华为公司一直以开放为中心，不断与世界进行能量交换。可以毫不夸张地说，只有开放，才有今天的华为公司。因为华为的科技创新，走的正是开放式的自主创新之路。

不过，任正非在接受媒体采访时曾说过一句令人颇为费解的话："自主创新如果是一种精神，我支持；如果是一种行动，我就反对。"众所周知，自主创新是华为公司的生存之道，"备胎计划"正是其自主创新的最生动实践。而任正非却表态反对"自主创新行为"，这是不是自相矛盾？

通过审视华为公司的成长史、通读任正非的一系列讲话，我们可以明白，任正非并非笼统地反对自主创新，而是基于华为公司的创新实践，形成了有关自主创新的独到观点。

当任正非表示赞成自主创新的精神，却反对自主创新的实践时，显然他对"自主创新"做了全新的"任式"解读，而且这一理论仅针对华为公司而言。所谓"反对"背后的意思是：自主创新应该是开放的，要博采众长，不能闭门造车。在他看来，自主创新不是自己重起炉灶、从头开始干，而应该要采取主动拥抱世界、背靠全球创新的方式——这样才能缩短华为公司进入世界领先方阵的时间。

之所以强烈反对"闭门造车"，是因为任正非从无数历史事实中吸取了教训。他认为，科技创新需要站在前人的肩膀上。比如华为的子公司海思，也并非从零开始自主创新，也曾缴纳了大量知识产权费用，签订了不少交叉许可协议。最终，才在别人创新的基础上形成了自己的创新成果。

如今，华为公司已经用事实证明了，只有在开放合作中的创新，才是实现技术赶超的正确之道。当然，自主创新存在知识产权保护问题，而且越尖端的技术创新成果越注重产权保护。所以，核心技术必须走自主创新之路。

当华为公司通过32年的努力，跻身信息技术的"无人区"，它的角色也从本行业的追赶者变为引领者。

"无人区"，无人领航，无既定规则，也无人跟随。挺进"无人区"后，华为公司跟着跑的"机会主义"高速度将逐步回落，创立引导理论的责任已压在肩头。现在，随着逐步进入香农定理、摩尔定律的极限，而有关大流量、低时延的理论还未诞生，华为人深感前途茫茫，只能摸索前进。重大创新是"无人区"的生存法则，而没有理论突破、没有技术突破、没有大量技术积累，就无法进行爆发性创新。

身处"无人区"是有极大风险的，也是孤独、痛苦的。正如任正非所言："人类社会的发展，都是走在基础科学进步的大道上的。而基础科学的发展，要耐得住寂寞。板凳不仅要坐十年冷，有些伟大的人甚至一生寂寞。基因技术也是'冷'了几百年后，才重新崛起的。"

身处"无人区"，该怎样抓住未来的机遇？任正非认为，走在前面的人一定是痛苦的，跟随别人的人也同样承受痛苦，但两者的痛苦并不相同。如果害怕领先所需要承受的痛苦，那靠跟随能发得出18万多人的工资吗？"今天抢占先机是痛苦的，但不抢占先机会更痛苦。所以，我认为尽管领先很痛苦，但还是要领先。"

这就是华为公司的创新之路，也是"任式"创新观。如今的华为公司，已经由技术创新、基础理论创新，进入了"无人区"的创新。下一步，任正非正在构筑"思想创新"，集结世界上顶级的"思想科学家"，探索无数不确定的路，在无限可能中找到"大致正确的方向"，在"无人区"的迷航中确定新航向。

华为，正在为世界、为人类领航。

六、"一个公司不可能包揽市场"：
华为的竞争逻辑

有市场就有竞争，企业的竞争力就是企业的生命力。市场经营活动的本质，就是企业的市场竞争过程。但企业间的竞争，并不完全是生死竞争、零和竞争，更多的是共生共赢的竞争。因为，每个企业都是整条产业链中的一环。

企业家的胸怀与格局决定竞争的特点和方式。当华为公司达到一定发展阶段后，任正非越来越感到良性竞争、合作竞争的重要性。

在竞争理念上，任正非未把同行视为要拼个你死我活的"敌方"，而是合作共赢的"友商"（朋友般的商人）。他说："每当外资企业打压我们很厉害的时候，我还是坚定不移地强调'不能把外资企业作为竞争敌人'，要把他们当作'友商'，不进行恶性竞争。我们越是这样做，对手、客户就越认为我们形象高大，我们的市场份额反而会多拿一些。但拿太多的时候，我也惭愧，该留一点给别人。"

美国对华为公司"极限施压"后，华为公司不得不让"备胎"转正。对此，有人质疑说，既然早有"备胎"，为何此前一直备而不用？

其实，"备胎"用不用、用多少、何时用，对任正非而言，都需要进行全面的战略考量。

华为公司技术方面的"备胎"，主要是为了跟踪并赶超世界同行的先进水平，为华为公司未来的长远发展奠定技术基础，而不在于一时的使用和求得短期的经济效益，更不是为了形成一个自我封闭的系统。

在任正非看来，世界上最大的"备胎"就是原子弹，但造原子弹不是为了使用，而在于拥有它之后的威慑力。"胎"不坏，为什么要用"备胎"？"我们做芯片的目的，不是要取代别人独霸市场，而是要提高自己对未来技术的理解能力。因此，我们并没有意图去完全替代美国公司生产的芯片，而是希望和美国公司长期保持友好合作的关系。所以，不是说什么时候拿'备胎'出来替代美国公司生产的芯片，而是一直在使用自己研发的芯片"。况且华为公司的"备胎"计划所开发的产品是多样化的，并非完全是只针对竞争对手的"一对一"替代品种，还有完全自创的和超前的全新产品。

因此，华为公司对"备胎"并非完全束之高阁，而是在充分考量公司全局、长远利益的前提下，适时、适度地使用。面对"为什么早不使用'备胎'"的疑问，任正非回答，这是出于维护合作方利益的考虑。过去，华为公司一直采取"1+1"政策，即使用部分自主研发的芯片，剩下部分选择购买，以此保障美国公司的利益。如果美国对华为公司的制约多了，就会减少购买美国芯片，而增大使用自主研发芯片的占比；如果美国公司得到政府批准向华为公司供货，华为公司仍将继续大量购买美国芯片。

任正非明确表示，华为公司与这些美国公司"同呼吸，共命运"，决不会因为拥有了自主研发芯片的能力就抛弃旧时伙伴。如果这样做，华为公司就将丧失长期合作的朋友。"我们不会这么狭隘地对待伙伴，正因为我们不狭隘，才会有明天。"

这正是任正非为华为公司创造的生态战略系统。在他看来，如果以全面启用"备胎"的方式彰显所谓的"自主创新"，华为公司就会成为孤家寡人，这与华为公司"朋友遍天下"的愿望相悖。因此，那些发问者并不理解华为公司的战略思维。华为公司此举是不愿伤害朋友，也为通过与同行的合作，形成共生共荣的全球生态链。

良好的行业生态，是企业实现可持续发展不可或缺的前置条件。市场之大，不可能一个公司"打遍天下"。为此，任正非坚持不下调华为手机的定价。他认为，盲目降低价格会把行业内所有下面的公司全挤死，自己也终将走向灭亡。在这个问题上，他以苹果公司为榜样，坚持做一把"大伞"，庇荫产业链中的小厂家，"给比自己弱小的竞争对手留活路"。

任正非甚至曾动情地说，过去销售时，我们大多依据成本推演定价，把价格定得比较低，挤兑了一些西方公司，"害一些公司破产了，我是有愧的"。

即使在受到美国"极限施压"的今天，华为手机的价格依然坚挺，以维护良好的市场秩序。

从这一竞争理念出发，一直以来，任正非都希望与美国公司加强合作，实现共赢，而并非挤掉美国公司，一家独大。如华为公司自主研发的ARM的CPU比英特尔公司的X86 CPU要先进，但华为公司仍决定不在社会上销售ARM的CPU，以此确保X86的CPU在世界市场占有原有份额。

不难看出，任正非奉行的竞争观，是合作的、讲诚信的、有情怀的竞争，即具有包容度的、有序的良性竞争。

"合作共赢"，是任正非想通过媒体对美国说的一句话。

七、"自立必须要有实力"：华为的忧患意识

面对这次前所未有的危机，华为公司之所以能从容应对，与华为公司和任正非强烈的忧患意识及应对极限生存的"备胎计划"密切相关。

处忧患而生，处安享而亡。企业家时刻都要保持清醒，并做好事先防范，因为风险随时可能发生。

在任正非看来，与历史上的风流人物一样，企业也是各领风骚数十年或数百年，"没有一个公司能永生，我们要努力跑得更快"。早在1991年，华为公司就成立了ASIC设计中心，2004年又成立了海思半导体有限公司，始终未雨绸缪，为"极限生存"提前布局。

10年前，任正非就曾要求华为公司按照极端情况"备战"，建立"备胎"。当时绝大部分人不相信，认为没有必要。他却仍十分坚持，并以有备无患为由说服同事："我们要坚持用双版本，80%左右用主流版本，替代版本占20%左右的适用空间，保持动态'备胎'状态。"

关于忧患意识，任正非有不少金句名言。比如，"领导干部只有随时准备下台，才能不下台""我们越快速发展，风险就越大""事物的辩证法就是如此，有'危'才有'机'，有'备'才有'安'""许多事置'死'地而后'生'"。华为公司的"存亡观""生死观"令人十分警醒。

面对美国的"极限施压"，任正非表现出了惊人的淡定。这或许也与他一直以来的心理预期有关。在中美贸易摩擦发生前，他早已多次在华为公司内部预言：华为公司要站到世界的最高点上，迟早会与美国相遇，要为了和美国在山顶上交锋，做好一切准备。

任正非的这种超前意识，使华为公司拥有了充足的准备时间，不至于被打得措手不及。据《金融时报》2019年3月1日的报道，15年前华为公司曾准备用75亿美元把自己卖给美国的摩托罗拉，已签订了合同、办完了手续，但摩托罗拉却因董事长更换而改变了计划。后来，华为公司也就坚决不出售自己了。任正非说，如果不卖，10年之后就将和美国人在山头相遇，我们肯定拼不过他们的刺刀，他们爬坡时带着牛肉、咖啡，我们是带着干粮，可能到山上也不如人家，我们要有思想准备。

这样，华为公司就准备了"极限生存假设"：当某一天所有美国芯片和技术不再向华为公司开放时，华为该如何生存？于是，华为公司开始了自我研发的"备胎"计划。

2019年5月16日，当美国宣布对华为公司进行制裁后，华为公司的"备胎"一夜转正，海思芯片、麒麟操作系统均公布于世。对此，外人很是诧异，但华为人早已知道，总会有"转正"的一天。

华为人强烈的危机意识，也要"感谢"美国当局。其实，美国对华为公司等中国企业的打击已非首次。几十年来美国政府的"敲打"从未停下。任正非说得坦白："我们总是挨打，就觉得有危机了。"

现代信息技术是由芯片（半导体、集成电路）、软件操作系统和通信设备这三大核心部分组成的。针对这三大部分，华为公司都有"备胎"，而且其水平都进入了世界前列。目前，全球同时在上述三个领域都位于世界最前沿的企业，仅有华为公司一家。

技术"备胎"之外，华为公司还有财务"备胎"。这正是因为任正非同样清醒地看到了华为公司的快速发展中存在的巨大风险。"我们所处的170多个国家与地区中，总会有战争、疾病、货币等风险。目前，我们已在伦敦建立了财务风险控制中心，2018年共管理178个国家、145种货币、5万多亿元人民币的结算量的风险，把损失降到最小。此外，华为公司即将在东京、纽约同时建立财务风险控制中心，聘用国际优秀人才管控公司的资金运行、合同、项目管理风险，为全球化发展奠定基础。"

华为公司的"备胎"计划，令美国的计划"泡汤"。因为所有核心的尖端芯片，华为公司都可以实现自我供给，且保持产品的高度领先。尽管少量部件的更替需要更换版本，版本切换期间会对公司发展造成一些影响，预测销售收入会比计划下降300亿美元左右，但对华为公司而言，这完全可以接受，因为华为公司2019年和2020年的收入预测都可达1000亿美元左右。任正非还透露，华为公司将在完成版本切换、磨合后，于2021年重新焕发生机。

华为公司现在拥有的主动权，得益于任正非前瞻性的战略思维和他娴熟掌握的哲学辩证法。

企业家任何时候都应有超前的、清醒的忧患意识，对核心竞争力、主要经营业务、重要的人财物、国内外发展形势，都应该做出"极限生存假设"并准备相应的"备胎"计划。这样才能走得稳、走得远。

八、"功劳簿的反面就是墓志铭"：
华为的批判品格

有没有自我反省、自我批判精神，也在很大程度上影响企业竞争力。我们常说，企业家要有超越自我、追求卓越的意识，实际上说的正是企业家的自我批判精神。

华为公司的发展史也是自我批判的历史。甚至可以说，放眼世界，鲜有如华为公司般能长期坚持自我批判的公司。任正非把自我批判当作拯救公司最重要的举措之一。正是华为人不断的自我批判、自我纠正，才使公司得以健康成长、不断壮大。任正非调侃自己说："我不懂技术，也不懂管理和财务。我的优点是善于反思，像一块海绵，善于将别人的优点吸收进来，转化成为自己的思想、逻辑、语言与行为。"

2011年1月，任正非在一场大会上告诉全体员工，"华为公司过去的成功不见得代表未来的成功。时间、空间、管理者的状态都在不断变化，想获得成功绝不能刻舟求剑。成功是不可能复制的"。

　　2014年2月19日，任正非以"自我批判，不断超越"为题，就华为公司的组织变革给全体员工写了一封信。信中有这样一段话：

　　在过去20多年中，不断主动适应变化、持续自我完善的管理变革，帮助公司实现了快速的发展和商业成功，我们不能等到"泰坦尼克"号撞到冰山再去调整航向，而是应在欢呼声中出海时，就针对长远航程中可能遇到的挑战进行布局，未雨绸缪。功劳簿的反面就是墓志铭。近10年来，多少行业巨头走向衰弱，就是不能适时顺应环境的变化，不能积极扬弃过去，不能主动打破自我舒适区。固守不变的优势，这也极有可能成为我们进一步成长和超越自己的最大灾难。未来是光明的，过程可能是痛苦的。今天我们迎来了信息通信技术引领和驱动全社会创新发展的最好时代，同时我们又处于公司基于知识、技术、产品、人才以及客户基础等长期优势积累的最好时期，这是我们千载难逢的机遇。我们必须勇于自我批判，才能最终实现超越！

　　华为人深知，时代发展迅速，如果自满自足，就会止步不前。因此，华为人长期坚持自我批判不动摇。这种胸怀、格局令人敬佩。

当华为公司还"年轻"时，尽管活力十足，但免不了有些幼稚、自傲，管理也远不够规范。任正非认为，只有自我批判才能使华为公司尽快成熟。那些年，公司在《华为人》《管理优化》、公司文件和大会上，不断自曝不足、披露错误，勇于自我批判，以防止员工在取得些许成就后，就骄傲自满、不思进取。

一次大会上，任正非说："我们要深深感谢各条战线上涌现出的英雄。没有他们的奉献精神，就没有我们今天的事业。但我们也应当看到，英雄是有时间性的。今天的成功，不是开启未来成功之门的钥匙。要永葆英雄本色，就要不断学习。戒骄戒躁，不断超越自我。"

正因如此，他大度地"感谢"特朗普对华为公司的施压。在2019年6月28日的一次访谈中，任正非指出："在特朗普没有打击我们之前，我们公司内部还是比较松散的；在那之后，我们内部'求生存、求发展'，更加团结一心，而且意志更加坚定，大家的工作干劲和热情更加高涨。"现在，华为人照样热火朝天地进行研发、生产和销售等一系列工作。因为要进行版本切换、磨合，需要增加工程师，员工总数已从18.8万涨到了19.4万。

需要指出的是，华为公司倡导的不是为了批判而批判，不是为了全面否定而批判，而是为了优化和建设而批判，目标是公司整体核心竞争力的提升。

因此，任正非提醒员工，不要过度批判，决不能以破坏成熟、稳定的运作秩序为代价。自我批判的持续性与阶段性，应该与周边的运作环境相适应。尽管华为公司需要管理创新、制度创新，但对一个正常的公司来说，如果频繁变革，内外秩序就很难得到维护，而不变革又无法提升核心竞争力与岗位工作效率。

所以，要在肯定中否定、在传承中变革。任正非指出，就个人来说，开展自我批判的目的是要不断寻找外在的、更广阔的服务对象，或更有意义的奋斗目标。通过竭尽全力地服务于他们和实现这些目标，收获幸福、美好、富有意义的高尚人生。

2008年，华为召开了"核心网产品线"表彰大会，任正非以"从泥坑里爬起来的人就是圣人"为题发表了讲话。讲话中，他把自我批判分为思想批判和组织批判两部分，逐步从思想批判引向组织批判，同时也强调了个人（干部）自我批判的重要性。

他说："20多年的奋斗实践，使我们领悟了自我批判对一个公司的发展有多么的重要。如果我们没有坚持这条原则，华为公司绝不会有今天。没有自我批判，我们就不会认真倾听客户需求，就不会密切关注并学习同行的优点，就会陷入以自我为中心，必将被快速多变、竞争激烈的市场所淘汰；没有自我批判，面对一次次的生存危机，我们就不能深刻自我反省、自我激励，用生命的微光点燃团队的士气，照亮前进的方向；没有自我批判，就会故步自封，不能虚心吸收外来的先进东西，就不能打破'游击队''土八路'的局限和习性，把自己提升到全球化大公司的管理境界；没有自我批判，我们就不能保持内敛务实的文化作风，就会因为取得的一些成绩而少年得志、忘乎所以，掉入前进道路上遍布的泥坑、陷阱中；没有自我批判，就不能剔除组织、流程中的无效成分，建立起一个优质的管理体系，降低运作成本；没有自我批判，各级干部不讲真话，听不进批评意见，不学习不进步，就无法保证做出正确决策和切实执行。只有长期坚持自我批判的人，才有广阔的胸怀；只有长期坚持自我批判的公司，才有光明的未来。自我批判让我们走到了今天；我们还能向前走多远，取决于我们还能继续坚持自我批判多久。"

这番话十分中肯，华为公司的技术、设备、产品、组织、管理、制度、文化、干部，无一不在自我批判中进步，无一不在改进昨天的自己中爬坡上行。正是因为华为人坚定不移地坚持自我批判，不断反思、不断超越，才有了今天的成绩。

正如任正非所说，自我批判不是自卑，而是自信；只有强者才会自我批判，也只有自我批判才会成为强者。

自我批判是一种武器，也是一种精神。华为公司的领导层、管理层、骨干层，都有自我批判的勇气、不屈不挠的奋斗精神，在各条战线、各个领域起着表率作用。

"我们提倡自我批判，但不压制批判。为什么不提倡批判？因为批判是批别人的，多数人掌握不了轻重，容易伤人。自我批判是自己批自己，多数人会手下留情。虽然是'鸡毛掸子'，但多打几次也会起到同样的效果。"由此可见，华为人在开展批判与自我批判中，非常注意方法和效果。

任正非借用刘禹锡的诗句说："沉舟侧畔千帆过，病树前头万木春。人类探索真理的道路是否定、肯定、再否定，不断反思、自我改进和扬弃的过程。自我批判的精神代代相传，新生力量发自内心地认同并实践自我批判，就保证了我们未来的持续进步。"

他希望华为公司的新员工，继承与发扬华为人的好传统，用好自我批判的武器。"业界必将对你们刮目相看，世界将会因你们而精彩。只要切实领悟和把握自我批判的武器，持续学习，少发牢骚，少说怪话，多一些时间修炼和改进自己，加快融入时代的大潮流。脚踏着先辈世代繁荣的梦想，背负着民族振兴的希望，积极努力，诚实向上，我相信你们是大有可为的。希望寄托在你们身上！"

华为人自觉自信的批判精神是可贵的。只有不断批判自我、不断超越自我，才会有新的进步。这一点，华为公司做得非常好。看到问题，才能清醒；自我批判，才能健康成长。这是华为公司的成功秘诀之一，也是事物发展的普遍规律。这也是任正非的高明之处，是一种大胸怀、大格局，更是一种大智慧。

写到这里，想赞美华为公司的话有很多。思忖再三，最后归结为两句：

这样的华为，不伟大是不可能的。

伟大的华为，是由磨难炼就的！

结束语：突围中的华为

2019年6月G20大阪峰会闭幕后，特朗普表示，美国企业可以继续向华为公司出售零件。随后，美国商务部也曾表示，在不威胁美国国家安全的前提下，允许部分美国企业继续与华为公司做生意。

尽管如此，但整整一个月后，华为公司的名字仍未从美国商务部的"实体清单"中划去。美国参众两院一些议员甚至提出了新的限制华为公司的议案，反对在没有国会参与的前提下，将华为公司从"实体清单"中撤除，认为即使美国商务部颁发供货许可证，国会也有权废除。直到7月22日，据路透社援引美国白宫有关消息，特朗普与美国美光科技、西部数据公司、高通、谷歌、思科系统、英特尔和博通等七家科技公司的CEO举行了会面。七家公司的CEO均要求美国商务部做出向华为销量的许可决定。对此，特朗普现场表示同意。我们期待美国对华为公司的"极限施压"发生实质性改变。但即便如此，恐怕"华为事件"在今后一个时期内，仍会持续发酵，华为公司仍需不断突围。

面对美国的"狂轰滥炸""围追堵截"，华为公司挺住了，没有丢兵弃甲，没有败下阵来，反而沉着淡定，迎难而上，步步为营，稳中有进。华为，区区一家中国民营企业，竟能顶得住当今世界头号强国——美国的"极限施压"，实在令人肃然起敬，也发人深省。

在中华民族全面复兴的新时代，当今世界亦正处于百年未有之大变局中。而不断升级的中美贸易摩擦，是世界大变局在经济领域的重要表现形式之一。"华为事件"则是中美贸易摩擦和战略博弈的一块重要"阵地"。

华为公司何以成为美国动用国家力量进行打压的目标？除了百年大变局的背景外，最主要的是因为经过几十年的拼搏，华为公司已成为一个世界级的高科技公司，而且在现代信息技术领域走在了世界的最前沿，在通信设备、5G技术、网络建设（包括物联网）等方面领先世界。

这是人类建设信息社会的新成果，但美国却认为对其既得利益构成了挑战和威胁。看来，企业走向国际化后，难免会有新风险，务必强化忧患意识，未雨绸缪。华为公司便是如此，早在十多年前，就有"极限生存假设"和"备胎计划"。而华为公司之所以能从容淡定、逆风前行，根本原因是它有底气和实力。这种实力是由数十年苦心打造的客户命运共同体、企业奋斗者价值文化、自我批判的变革品质、持续的科技创新动力、严实高效的企业管理等组成的。当然，华为公司的辉煌是与它的创始人、掌门人任正非的格局、情怀、智慧和付出的巨大心血联系在一起的。

磨难铸就辉煌。华为公司走过的路是充满磨难的路。眼下，华为公司则正经历空前的新磨难，可以说，正处于生死攸关的关键时刻，全世界都担心华为公司是否会遭受灭顶之灾。华为公司不能也不会"死亡"，而只会"浴火重生"。

面对美国的打压，华为公司没有伤筋动骨，反而越战越勇。任正非在接受媒体采访时表态说，"华为公司不会垮，我觉得我们挺生气蓬勃的。美国给我们的压力可能是给了我们更大的动力，也可能把我们推向更努力的状态……华为公司怎么会垮呢？大量客户和我们相处20多年了，他们对华为公司最了解。消费者有自己的选择，不会听了哪句话就用哪个、不用哪个，所以我们有信心继续很好地存活下去。这点不会受到很大的影响"。

华为公司是坚强的，是不朽的。华为公司雄厚的实力、领先全球的技术，为中华民族争得了伟大荣光。华为公司能顶住来自世界头号强国的"极限施压"，得到了中国人民和世界所有善良之人的敬服。这一切，堪称伟大！

华为公司没有退路，它"除了胜利已经没有其他的路可以走"。现在的华为公司，正进入发展的新时代。这是一个适应某些国家敌视、打击的新时代，是一个深入科技创新"无人区"并探索领航的新时代，更是一个在自我批判的"炼狱"中等待"凤凰涅槃"的新时代。有迹象表明，华为公司的战略发展方向已开始向物联网领域倾斜。也许，在这个尚未硝烟四起的战场，华为公司将会再次提前谋兵布局。

我们坚信，华为公司在抗击美国"极限施压"的战役中不会被击倒。它已成为掌握信息技术领域最前沿技术的世界级企业，且已在下一代通信技术领域领先世界若干年，具备了足够实力和韧劲挺过这个严冬和黎明前的黑暗。

未来的华为公司，仍会面临各种艰难险阻，但它定能搏击长空。它的精神已在中国大地上、在中国企业家心中生根、开花、结果。

我们要向华为人学习，学习他们的理想和智慧，他们的奋斗和情怀！在苦难中经受考验，在磨难中茁壮成长！

让我们共同期待，华为的明天会更加美好！

华为在突围，也正开启一段新的长征！

主要参考文献

孙立科著：《任正非传》，杭州：浙江人民出版社2017年版。

孙立科著：《华为传——一部中国式企业的浩荡成长史》，北京：中国友谊出版社2018年版。

程富广、杨愿诚、朱迪编著：《任正非内部讲话实录》，杭州：浙江人民出版社2013年版。

希文著：《任正非内部讲话：最新版》，哈尔滨：哈尔滨出版社2017年版。

王育琨著：《苦难英雄任正非》，南京：江苏凤凰文艺出版社2019年版。

黄卫伟主编：《以奋斗者为本——华为公司人力资源管理纲要》，北京：中信出版社2014年版。

黄卫伟主编：《以客户为中心——华为公司业务管理纲要》，北京：中信出版社2016年版。

董小英等著：《华为启示录——从追赶到领先》，北京：北京大学出版社2018年版。

吴晓波等著：《华为管理变革》，北京：中信出版社2017年版。

杨少龙著：《华为靠什么：任正非创业史与华为成长揭秘》，北京：中信出版社2014年版。

田涛、吴春波著：《下一个倒下的会不会是华为》，北京：中信出版社2012年版。

曲智著：《任正非内部讲话：关键时，任正非说了什么》，北京：新世界出版社2013年版。

曲智、申楠著：《任正非内部讲话2》，北京：石油工业出版社2018年版。

《面对面——任正非：时下的华为》，央视网，2019年1月20日。

后 记

　　近日，华为公司被美国的"极限施压"推上了世界舆论的风口浪尖。重压之下，华为公司采取了"备胎"芯片"转正"等诸多有力之举，积极应对。以往鲜在媒体露面的华为CEO任正非也数度发声，淡定自信地表态称：华为虽暂时遭遇各种困难，但无惧艰险，有能力经受住考验。

　　突如其来的"华为事件"发人深省，也引起了企业家和相关领域学者的讨论：在贸易保护主义、逆全球化浪潮抬头的背景下，中国企业该怎样未雨绸缪，以应对"暴风骤雨"的突然来袭？华为在这一事件中的表现，对广大中国企业有何借鉴意义？针对上述有关"华为事件"的热点问题，本书从百年未有之大变局的宏观背景着眼，深入剖析了华为公司在科技创新、组织管理、价值取向、理想格局等方面的特点，总结提炼了"华为事件”给予人们的若干启示，作为读懂华为公司的重要指南，以飨读者。

本书由王永昌领衔撰写，多位作者共同合作完成。其中，王永昌承担序言、第六章及结束语的撰写任务。潘毅刚、王政剑、申嘉、李岚承担第一到第五章的撰写任务。复旦大学中国研究院研究员宋鲁郑也参与了写作，并对全书的修改和完善提出了宝贵意见。在此，对所有为本书写作、出版做出贡献的同志表示衷心感谢！

仓促成书，不足之处还请读者指正。

编者

2019年7月

图书在版编目（CIP）数据

伟大的磨难：华为启示录 / 王永昌等著. —杭
州：浙江人民出版社，2019.9
ISBN 978-7-213-09456-9

Ⅰ.①伟… Ⅱ.①王… Ⅲ.①通信企业-企业管
理-研究-深圳 Ⅳ.①F632.765.3

中国版本图书馆CIP数据核字(2019)第193412号

伟大的磨难

——华为启示录

王永昌等 著

出版发行：浙江人民出版社（杭州市体育场路347号 邮编 310006）
市场部电话：(0571)85061682 85176516
责任编辑：余慧琴
助理编辑：丁谨之
营销编辑：陈雯怡 陈芊如
责任校对：陈 春
责任印务：陈 峰
封面设计：北极光
电脑制版：杭州兴邦电子印务有限公司
印 刷：浙江印刷集团有限公司
开 本：710毫米×1000毫米 1/16 印 张：13.5
字 数：119千字 插 页：1
版 次：2019年9月第1版 印 次：2019年9月第1次印刷
书 号：ISBN 978-7-213-09456-9
定 价：58.00元

如发现印装质量问题，影响阅读，请与市场部联系调换。